Antonio Siemsen Munhoz

Fundamentos de tecnologia da informação e análise de sistemas para não analistas

EDITORA
intersaberes

Rua Clara Vendramin, 58 . Mossunguê . CEP 81200-170
Curitiba . PR . Brasil . Fone: (41) 2106-4170
www.intersaberes.com
editora@editoraintersaberes.com.br

1ª edição, 2017.
Foi feito o depósito legal.

Dados Internacionais de Catalogação na Publicação (CIP)
(Câmara Brasileira do Livro, SP, Brasil)

Munhoz, Antonio Siemsen
Fundamentos de tecnologia da informação e análise de sistemas para não analistas/Antonio Siemsen Munhoz. Curitiba: InterSaberes, 2017.

Bibliografia.
ISBN 978-85-5972-632-9

1. Análise de sistemas 2. Sistemas – Desenvolvimento 3. Sistemas de informação 4. Sistemas de informação gerencial 5. Tecnologia da informação 6. Tecnologia da informação – Administração I. Título.

17-11639 CDD-658.4038

Índices para catálogo sistemático:
1. Tecnologia da informação: Administração 658.4038

Fundamentos de
tecnologia da informação
e análise de sistemas
para não analistas

EDITORA intersaberes

DIALÓGICA

O selo DIALÓGICA da Editora InterSaberes faz referência às publicações que privilegiam uma linguagem na qual o autor dialoga com o leitor por meio de recursos textuais e visuais, o que torna o conteúdo muito mais dinâmico. São livros que criam um ambiente de interação com o leitor – seu universo cultural, social e de elaboração de conhecimentos –, possibilitando um real processo de interlocução para que a comunicação se efetive.

Sumário

Palavra do autor

Caro leitor,

Elaboramos esta obra com a finalidade de orientar profissionais que, apesar de não serem técnicos da informação ou analistas de sistemas, lidam com conhecimentos desse âmbito no desenvolvimento de suas atividades laborais.

Caso deseje obter informações adicionais e aprimorar a construção de seu conhecimento, peço que nos envie um *e-mail* para antsmun@outlook.com.

Boa leitura!

Dr. Antonio Siemsen Munhoz
Consultor em tecnologias educacionais
e educação a distância

O plano de obra

Conforme apresentaremos no decorrer da obra, o conhecimento dos fundamentos da análise de sistemas é necessário mesmo para profissionais que desenvolvem seus serviços em áreas cuja atividade-fim não necessita, especificamente, de um conhecimento apurado em informática. Ainda assim, a compreensão de seus fundamentos é necessária, em razão da concorrência acirrada observada no mercado de trabalho.

Esse fato é consequência natural do uso extensivo de **sistemas de informação** na maior parte das organizações. O conhecimento acerca desses recursos é considerado requisito para se alcançar elevado nível de competitividade. Assim, é necessário que esses profissionais adquiram um mínimo de conhecimentos, não para se transformar em **analistas de sistemas**, mas para que tenham condições de compreender e utilizar um linguajar comum à área e desenvolver o seu trabalho com sistemas de informação de forma geral.

No Capítulo 1, analisamos os efeitos da tecnologia no contexto social. Nesse sentido, a **neutralidade tecnológica** é questionada com apoio de referenciais filosóficos consistentes.

Os fundamentos da **tecnologia da informação** e da análise de sistemas são questões tratadas no Capítulo 2 desta obra. Nossa proposta é apresentar conceitos em uma visão minimalista, para que seja possível desenvolver, de forma simples, o tratamento com sistemas de informação.

No Capítulo 3, finalizamos o tema iniciado no anterior. Nele justificamos, em face das mudanças sociais, as principais razões para utilização da tecnologia da informação pelas organizações em um mercado altamente competitivo como o atual.

O estudo dos **sistemas de informação gerencial** (SIGs) é feito de modo particularizado no Capítulo 4, considerando que a maior parte dos profissionais não especialistas atua diretamente nessa área.

No Capítulo 5, ampliamos a conceituação dos SIGs. Esse aprofundamento busca justificativas para a utilização desses sistemas como elementos que podem influenciar a flexibilidade e a rapidez de atendimento dos desejos dos clientes nas organizações.

Outros tipos de sistemas de uso corrente no interior das corporações são categorizados no Capítulo 6. Eles têm no seu escopo a racionalização de procedimentos internos, mesmo estando fora do eixo estratégico.

No Capítulo 7, visamos mostrar o que usuário precisa saber sobre sua migração para a área de análise, formada por profissionais altamente qualificados. Não são poucos os que nela resolvem ingressar devido à atração que a tecnologia exerce sobre um grande número de pessoas.

O foco no usuário: é seguindo essa premissa que o conteúdo do Capítulo 8 é apresentado, tendo em vista o que um analista de sistemas consideraria como o ideal. No tratamento do tema, abordam-se competências e habilidades necessárias aos profissionais que vão se envolver com o uso da tecnologia da informação e dos sistemas de informação.

Algumas das definições cruciais desta obra estão destacadas em negrito e são melhor explicadas nas seções "Glossário", dispostas ao final de todos os capítulos, inclusive este plano de obra.

Sugerimos que você mantenha, durante toda a leitura, um diário de bordo, no qual realizará os exercícios propostos nas seções "Reflexão", "Diálogo", "Prática" e "Reflexão e prática". Para estimular o processo de aprendizagem, propomos que você envie, para o e-mail do autor, apresentado anteriormente, a compilação das atividades, bem como dúvidas que possam surgir durante a leitura.

Os capítulos não têm amarração, são considerados como objetos de aprendizagem estanques e, portanto, podem ser lidos na ordem que você considerar mais conveniente aos seus interesses.

Glossário

Análise de sistemas: De acordo com Wazlawick (2014), é uma das atividades utilizadas de forma estratégica na organização contemporânea. Tem como propósito estudar os processos internos da instituição e suas interações com o mercado externo, com vistas a racionalizar as ações. Com o levantamento de informações, a análise de sistemas permite a adoção de determinados comportamentos a fim de melhorar a produtividade e a maneira de atingir o mercado positivamente.

Analistas de sistemas: No estudo Campus Computing Report.BR, organizado Associação Brasileira de Educação a Distância (Abed), esses profissionais foram identificados como originários da área de tecnologia da informação – mas que hoje podem ser provenientes de outra área de formação – e especializados no desenvolvimento sistemas de informação para atendimento das necessidades e objetivos da organização.

Diário de bordo: Observe que o diário de bordo – recomendado neste livro – tem significado semelhante ao usado por um comandante de um navio: registrar todas as ocorrências do percurso. Com esse **portfólio**, você terá, ao final da leitura do texto e após completar todas as atividades, uma visão da evolução de seu conhecimento sobre o assunto aqui tratado.

Informática: Também chamada *ciência da computação*, essa área do conhecimento representa o conjunto de estudos desenvolvidos sobre o uso de técnicas, metodologias e instrumentos computacionais. Para além da proposta de apenas automatizar processos manuais, a informática trabalha na modelagem e na transformação da informação, de modo a apresentar os cenários aos usuários de forma compreensível, visando facilitar a atuação dos profissionais no dia a dia da organização.

Neutralidade tecnológica: Feenberg (2012) considera necessárias as discussões que coloquem na ordem do dia a proposta de questionamento à ilusão da neutralidade criada por instrumentos e artefatos, como forma de permitir que em ambientes altamente tecnológicos ainda estejam presentes propósitos sociais relevantes.

Portfólio: O termo é utilizado neste material para o conjunto de registros realizados – as produções ou os apontamentos, de modo que seja possível observar os resultados de tarefas, as etapas superadas e as dificuldades encontradas.

Sistemas de informação: Decorrentes da atividade de análise de sistemas, Feenberg (2012) conceitua os sistemas de informação como produtos particulares. Para o autor, são um conjunto organizado de elementos que interagem segundo regras estabelecidas para que informações sejam processadas conforme diferentes visões de usuários em relação aos fatos que ocorrem no cotidiano das organizações do mercado contemporâneo. Os sistemas de informação representam a racionalização da aplicação da tecnologia da informação no interior das empresas.

Sistemas de informação gerencial: Laudon e Laudon (2007) destacam a importância dos sistemas de informação gerencial para as organizações contemporâneas e os definem como fator preponderante para se obter sucesso com os processos de tomada de decisão. São ações apoiadas em uma infraestrutura que permite respostas ágeis e seguras a partir de uma série de dados coletados, armazenados e que se transformam em informação utilizada pelos gestores nesse processo.

Tecnologia da informação: Valle (2015) dá preferência a uma definição simplificada para tecnologia da informação: ferramental tecnológico aliado a técnicas voltadas para atendimento de necessidades que vão desde a criação de infraestrutura, passando por assuntos relativos à segurança da informação, até à governança e ao comércio eletrônico, via implantação de uma série diferenciada de ferramentas.

A aplicação das tecnologias da informação e o desenvolvimento de atividades de análise de sistemas estão incorporados no cerne das organizações do mercado contemporâneo. Sem o auxílio desses recursos, quase nada poderia se fazer em termos de racionalização dos processos internos delas.

Informações necessárias

A disseminação de informações sobre a tecnologia da informação e a atividade de análise de sistemas, bem como a apropriação de conhecimentos acerca dos fundamentos e políticas dessas áreas, é de um valor inestimável a qualquer profissional, especialmente àquele envolvido com a tomada de decisões estratégicas nas organizações contemporâneas.

Saber como realizar uma análise – ainda que essa não seja a competência principal dos usuários de um sistema –, identificar os aspectos positivos de um sistema e proporcionar uma avaliação externa para os departamentos da tecnologia da informação é tão importante quanto dominar como se constrói um sistema. Para o desenvolvimento dessas habilidades, torna-se necessária a produção de uma proposta diferenciada, como é o caso da linha adotada neste material.

Em conformidade com essa abordagem, temos como objetivo tratar sobre a tecnologia da informação e a análise de sistemas de acordo com as reais necessidades de profissionais de áreas diversas.

O conteúdo oferecido aqui não poderia ter o mesmo formato do apresentado, por exemplo, na formação do analista de sistemas, do tecnólogo da informação e de profissionais de segmentos similares. Dessa forma, propomos um material que, apesar de manter o rigor científico dos conceitos apresentados, seja de mais fácil compreensão por futuros profissionais dessas áreas.

É importante observar que nas salas de aula de futuros administradores de empresas, turismólogos, secretários executivos e profissionais de outras áreas do conhecimento não há uma formação básica no campo da informática. Já as pessoas com formação em análise de sistemas e similares, cuja atividade-fim é o conhecimento informático, têm maior facilidade de captação desses conteúdos e um perfil diferenciado em relação a profissionais de outras áreas.

O conteúdo – de modo simplificado – que um analista de sistemas, analista-programador ou programador-analista precisa saber está previsto no escopo da produção deste livro. Assim, esse conteúdo pode tornar possível a construção de competências e habilidades para que você mantenha um diálogo adequado com esses profissionais da informática.

Dessa forma, apresentamos neste material os fundamentos da área de análise de sistemas para pessoas que não são profissionais informáticos, mas que utilizam de forma extensiva os sistemas de informação em seu ambiente de trabalho. Consequentemente, farão uso dos seus componentes básicos, ou seja, os sistemas de informação estratégicos, gerenciais e operacionais em diferentes áreas.

Ocasionalmente, os não analistas podem se envolver com outros tipos de sistema, que também serão apresentados neste livro, mas em caráter informativo. Ainda podem ser abordadas as áreas de segurança, de acesso às redes internas, bem como outras áreas de integração da tecnologia com os demais setores da organização.

Assim, agentes de turismo, administradores escolares, gerentes de bares e restaurantes e toda uma gama de consultores em diferentes áreas podem receber uma formação que lhes será importante, sem que tenham a necessidade de cumprir programas mais rigorosos. Isso pode evitar que as instituições de ensino ofereçam a esses profissionais um conteúdo que supera suas necessidades básicas de conhecimento na área de análise e tecnologia da informação.

É difícil encontrar um curso de graduação ou pós-graduação fora da área informática que não tenha incorporada em seu programa uma cadeira de tecnologia da informação, de análise de sistemas ou ambas (o material de estudo cobre as duas disciplinas). O desafio é que o viés tecnológico apresentado supere o que é necessário para profissionais que não são analistas de sistemas ou tecnólogos da informação e comunicação.

É preciso evitar uma cena comum: alunos de cursos não voltados para formação de analistas, totalmente alheios ao desenvolvimento do conteúdo, serem aprovados em uma disciplina na qual nada aprenderam. A manutenção desse tipo de situação pode fazer com que aquilo que se procura transmitir aos alunos esteja distante do que precisa ser ensinado.

O volume de informações e o nível de complexidade da área de informática podem provocar nesses estudantes uma **sobrecarga**

cognitiva. O peso do linguajar típico da área informática pode afastar pessoas que poderiam vir a compreender e aprender um conjunto de conhecimento que lhes seria muito útil para a prática profissional.

Isso se deve a uma distribuição incorreta dos conteúdos, com explicações sobre tarefas que nunca serão utilizadas, e à utilização de um material que pode deixar de informar aspectos importantes.

É interessante observarmos uma série de explicações que podem parecer esclarecimentos de dúvidas ingênuas para os técnicos informáticos, mas que são de fundamental importância para profissionais de outras áreas.

Este material procura promover, via *e-mail*, um diálogo constante entre você, leitor, e o autor desta obra. Em complemento, são solicitadas, em diversos pontos, atividades a serem realizadas. O primeiro esclarecimento necessário é que elas não são obrigatórias, e sim propostas de complementação didática orientada, de modo que você possa construir conhecimento com o **aprender fazendo** (*learning by doing*) como é tratado esse processo pelos autores Dufour et al. (2010).

Reflexão

Interrompa sua leitura e procure analisar, com base nas próprias experiências ou em um referencial teórico consistente, a afirmativa segundo a qual o *aprender fazendo* auxilia na fixação do conteúdo explorado.

Um dos aspectos mais importantes para quem procura aprimorar suas competências e habilidades é receber alguma forma de devolutiva, com comentários feitos sobre o trabalho. O estudo, com utilização da estratégia educacional da **aprendizagem**

independente, não pressupõe que você desenvolva sozinho as atividades previstas, sem o apoio seguro de um professor que atue como orientador.

Apesar de não serem obrigatórios, o desenvolvimento das atividades e o diálogo com o autor são recomendáveis e podem proporcionar melhor aproveitamento à leitura deste material. Como complemento, durante esse contato, você pode ser orientado a participar de comunidades de prática.

Se utilizar este material como livro-base para algum curso, procure seguir as recomendações do professor que está orientando a sua atividade.

Antes de darmos sequência aos estudos aqui propostos, solicitamos que você realize uma primeira atividade de reflexão.

Diálogo

Com base nessas considerações iniciais, indique suas expectativas sobre esta leitura, para que possamos acompanhar de forma mais eficiente se os objetivos condizem com o conteúdo proposto e, dessa forma, se serão mais facilmente atingidos. Guarde o resultado do trabalho em seu diário de bordo (um companheiro no qual você registra todas as atividades que vai desenvolver durante a leitura do texto).

Glossário

Ambientes enriquecidos com a tecnologia: Groff (2013) considera como eficazes as propostas de criação de ambientes enriquecidos com a tecnologia nas instituições de ensino, em todos os níveis, de forma que seja possível o acompanhamento, passo a passo, da evolução do mercado, dando melhores condições de competitividade aos egressos dos cursos oferecidos.

Aprender fazendo: Dufour et al. (2010) consideram que a estratégia educacional de *aprender fazendo* permite que uma pessoa, imediatamente após conhecer uma definição – em uma atividade diretamente, relacionada ao que propomos nesta obra –, aplique-a diretamente para assim fixar de forma mais eficaz o que lhe foi ensinado.

Aprendizagem independente: De acordo com Hazelwood (2015), é um caminho alternativo: a efetivação da educação aberta, uma proposta de tornar a aprendizagem um caminho que pode ser seguido sem que as pessoas tenham de retornar aos bancos escolares. Normalmente adultos já formados, esses alunos apresentam dificuldades, devido a questões particulares ou profissionais, de efetivar esse regresso e, assim, buscam nas iniciativas independentes uma forma válida de completar competências e habilidades.

Sobrecarga cognitiva: Gomes (2017) considera que o grande volume de informações presentes nas grandes redes pode gerar um esforço demasiado para as pessoas e, de forma consequente, criar dificuldades para que a aprendizagem ocorra em sua totalidade. É um aspecto que deve ser levado em consideração, sob pena de invalidar as providências de se criarem ambientes de trabalho favoráveis em **ambientes enriquecidos com a tecnologia**.

01

FILOSOFIA E TECNOLOGIA

01

NOS DIAS ATUAIS, a utilização da tecnologia abrange praticamente todos os campos do conhecimento humano. Se tiverem condições sociais e não estiverem submetidas a processos de exclusão social ou tecnológica, as pessoas têm contato direto com algum aparato tecnológico em praticamente todas as atividades do dia a dia.

Estudos desenvolvidos

Feenberg (2012) realiza estudos sobre a tecnologia e seus efeitos sobre o ser humano. O autor se apoia em uma linha filosófica que questiona benefícios advindos da evolução tecnológica em comparação a aspectos sociais nocivos que a utilização de recursos e aparatos tecnológicos pode provocar.

Há muitas pessoas que concordam com um posicionamento neutro da tecnologia (chamado de *neutralidade tecnológica*), mas entendem que sua utilização – e não ela em si mesma – é passível de classificações em juízos de valor. Outras consideram que a tecnologia não adicionou sequer um grama de felicidade na vida humana, restringindo-se à melhoria de bem-estar e conforto material.

As discussões acontecem nesses e em outros diferentes aspectos. O que resulta é o sentimento de que a tecnologia está mais relacionada com a utilidade de seu uso do que propriamente com a verdade que a filosofia busca no aprofundamento de seus estudos. Feenberg (2012) considera que a neutralidade tecnológica pode ser discutida sob o enfoque de que artefatos tecnológicos – que no dia a dia nos parecem intrinsecamente bons ou inócuos – são produzidos apenas para resolver problemas práticos.

Com base nisso, entra em cena a neutralidade mencionada, em que a tecnologia é apresentada como politicamente neutra, ainda que sua utilização geralmente traga junto consigo algum propósito político específico, um possível interesse comercial embutido em seu desenvolvimento ou ambos.

O estilo de vida que emerge da **sociedade pós-moderna** tem um perfil tecnológico por excelência. A expansão da velocidade da inovação tecnológica desenha características e comportamentos sociais que tornam a geração digital diferente em praticamente todos os aspectos sociais daquelas que a antecederam.

É uma situação que suscita mudanças de comportamento em todos os campos de conhecimento e níveis sociais. Essa abrangência faz com essa área seja estudada profundamente para que se possa ter uma visão mais direta e definida de sua aplicação e a influência que essa escolha resulta na vida social.

O escopo deste estudo – tratamento de temas relacionados com a tecnologia para pessoas que não a veem como atividade-fim, mas a utilizarão de forma extensiva em suas atividades pessoais e profissionais – abrange grande parte dos estudos da tecnologia em seu caráter interdisciplinar. Este material está voltado, em especial, à área de sistemas criados para solução de problemas e aceleração da produtividade das pessoas. A proposta pode provocar altos níveis de sobrecarga cognitiva e **sobrecarga laboral**.

A apropriação de conhecimentos tecnológicos se torna motivo para que as pessoas busquem cursos de especialização. No entanto, por vezes, acabam encontrando elevado volume de informações para o qual, muitas vezes, não estão preparadas. A alienação pode se tornar uma das consequências mais indesejadas.

Há um sentimento subjacente de que o aumento da quantidade de informações faz com tenhamos de nos desfazer de muitas delas. Por causar uma sensação de perda do conhecimento, essa sensação provoca o que é conhecido como **estresse tecnológico**, estado emocional que assusta os analistas pelo grande número de pessoas que atinge.

Quando o ser humano é tido como poderoso por adquirir conhecimento, deve se levar em consideração a posição da escola filosófica de Bacon (2011). Essa linha de pensamento defende que a incapacidade de que todas as inovações sejam conhecidas pode conduzir a um estado psicológico desfavorável.

Essa escola leva em conta que a ciência é benéfica aos indivíduos quando tomada em uma visão positiva. Outro viés pode não concordar com isso, quando se leva em conta a falta de humanismo que pode estar presente em ambientes altamente tecnológicos. Perante esse estado de coisas, parece ser possível concluir que o uso extensivo da tecnologia é o modelo que caracteriza a sociedade atual. A sua utilização como instrumento, com isenção de valores, será a linha adotada (uma das possíveis) para o tratamento do tema.

Reflexão

O tratamento da tecnologia em um viés filosófico, ainda que não seja aprofundado neste material, suscita a reflexão sobre o mundo que o cerca. Nesse momento, sugerimos que você leia o material de consulta indicado – obra elaborada por Feenberg (2012) – e monte uma sinopse dele. É preciso que essa contraposição entre filosofia e tecnologia, vista sob o aspecto de uma análise crítica, seja feita. Somente assim será possível evitar que o império das técnicas faça prevalecer no tecido social regimes baseados na **tecnocracia.**

Glossário

Estresse tecnológico: Para Feenberg (2012), é o excesso de tempo de interligação do ser humano com a máquina, independentemente de estar coberta em sua complexidade por interfaces consideradas "amigáveis". O sentimento de que a utilização da tecnologia não se dá por escolha pessoal, mas sim por estarmos a ela "escravizados", é posto como uma das razões para que essa situação aconteça e que, cada vez mais, esse sentimento se faça presente.

Sobrecarga laboral: Na mesma linha de raciocínio, Gomes (2017) considera que, para além da sobrecarga cognitiva, o excesso de trabalho realizado para vencer a necessidade de um elevado nível de produtividade pode produzir igualmente situações de estresse que têm o mesmo potencial negativo que o provocado pela sobrecarga cognitiva.

Sociedade pós-moderna: Giddens (1991) e Castells (2011) estudam a evolução social e pontuam a sociedade pós-moderna como aquela que representa uma mudança de valores sociais que acontecem na esteira da globalização e da crise das representações.

Tecnocracia: Sistema político entendido por Schwartzman (2008) como um regime indesejável e que se contrapõe a qualquer ação humanista. Efetiva-se quando é dado privilégio ao trato das técnicas em detrimento de considerações sociais. Isso é possível de se observar em algumas iniciativas de cursos oferecidos em ambientes enriquecidos com a tecnologia.

02

TECNOLOGIA DA INFORMAÇÃO E ANÁLISE DE SISTEMAS

02

A TECNOLOGIA DA informação e a análise de sistemas são vistas, de forma utilitária, como o conjunto de técnicas capazes de dar às pessoas uma extensão de suas capacidades intelectuais. Apoiando-se nos sistemas de informação, as decisões estratégicas tomadas pelas organizações podem trazer melhores resultados.

Em termos de mercado de trabalho, essas técnicas são vistas como recursos das organizações. Na atualidade, praticamente todas efetivam investimentos nessas áreas, ainda que sejam apenas com base na utilização de suítes de automação de escritório, que utilizam o argumento do aumento de produtividade como justificativa plausível.

As plataformas de tecnologia da informação e serviços de análise recebem investimentos que variam conforme a capacidade de cada organização. A utilização de todo o potencial tecnológico disponível era até pouco tempo atrás um diferencial entre grandes e pequenas empresas. A **globalização**, a **redução das distâncias** e o surgimento da **computação em nuvem** proporcionaram a organizações de diferentes portes o acesso ao mesmo ferramental. Isso nivela a infraestrutura e concentra no desempenho pessoal a obtenção de melhores resultados.

É na diferenciação de utilização do material humano e de sua formação que reside o diferencial competitivo. O desempenho individual pode ser considerado como o grande responsável por melhores resultados alcançados.

A valorização do **capital intelectual** assume um lugar de destaque. Cria-se o conceito de **QI digital da organização**, que mensura em que nível está a utilização das ferramentas tecnológicas. Na ampliação desses estudos, considera-se que uma das principais deficiências que podem impedir uma melhoria no índice desse QI diz respeito à falta de integração e alinhamento no departamento de tecnologia, que inclui o trabalho de análise de sistemas em conjunto com outros setores da empresa (*marketing*, gestão estratégica etc.). Esse fato destaca a importância de que profissionais de outras áreas – ainda que não sejam técnicos de informática – saibam o que fazer ante desafios, com utilização da tecnologia da informação e desenvolvimento da atividade de análise de sistemas.

Aspectos associados a crescimento, elevação da receita, lucratividade e inovação estão relacionados ao aumento de QI digital. Todo esse aparato tecnológico está disponível *on-line* e em *just in time*[1] (JIT) e pago de acordo com a demanda.

Para a próxima década, são previstas a expansão e a modificação de muitas das formas de efetuar negócios na grande rede. Uma conexão com a internet tornará possível acessar um servidor que executará os serviços a partir de qualquer estação interligada.

Dessa forma, em razão da baixa incidência de erro, a tecnologia da informação e o desenvolvimento de sistemas devem ser utilizados como um instrumento de transformação para atender a necessidades pontuais. Integrados, são possíveis solucionadores de problemas. Nessa perspectiva, a presença da organização no mercado e o aumento de sua competitividade tornam mais próximo o objetivo dela se tornar mais efetiva.

Para o profissional que se utiliza da tecnologia da informação, vale uma colocação feita por Andrea Salgueiro, vice-presidente da Unilever. Em um recado a profissionais de todos os níveis da organização, ela afirmou que os líderes do futuro serão aqueles que sabem lidar com um volume gigantesco de informações e extrair *insights* relevantes para a geração de trabalhos inovadores. Esse é um perfil que diferencia os líderes dos seguidores. É importante que você atente nessa afirmativa que se demonstra como realidade que pode ser comprovada no dia a dia das corporações.

O que as pessoas chamam de ***big data*** existe, mas somente o fato de uma organização se apropriar de grande volume de conteúdo não significa que terá sucesso em tudo o que fizer. É necessário que esses dados sejam transformados em informação útil; então, as informações podem ser estruturadas e utilizadas pelos

1 Em tradução livre, "na hora em que são necessárias".

setores da linha de frente para a tomada de decisões. A raiz do sucesso está no correto uso da tecnologia da informação e no desenvolvimento de uma atividade efetiva de análise de sistemas no interior das organizações contemporâneas.

Quem trabalha nesses ambientes são não analistas. São esses profissionais que farão com que todas as informações captadas tenham valor, o que por si só justifica que tenham um conhecimento utilitário sobre a tecnologia da informação, pelo menos para atuar como um usuário final com conhecimento do processo.

Assim, um volume de dados é captado e armazenado em séries históricas e se torna acessível para um grande número de chaves primárias e secundárias de acesso. Após o armazenamento, são gerados relatórios gerenciais para que as decisões sejam tomadas com maior confiança e conhecimento. É a efetivação do binômio ***data mining*** e ***data warehouse***, termos técnicos por excelência que se tornaram de uso corrente. Essas expressões representam atividades de busca, tratamento e armazenamento de informações com a finalidade de obtenção de diferencial competitivo. Sua utilização extensiva e intensiva, que transforma o tempo de resposta, pode aumentar o grau de satisfação dos clientes e *stakeholders*.

Entre essas novas profissões, ganha destaque o **analista de dados**. O perfil desse profissional prevê uma formação que requer maior quantidade de conhecimentos administrativos do que conhecimentos informáticos, o que é mais uma porta aberta para aqueles que conhecem o básico sobre os sistemas utilizados na organização.

Outro aspecto já connhecido considera que o volume de dados hoje existentes deve decuplicar. Nesse contexto, os diferenciais competitivos estarão centrados na administração de maior ou menor quantidade de informações na organização.

Um dos campos beneficiados com essa enxurrada de dados será o da inovação. Parte-se do princípio de que, com esse volume, maior número de ideias tende a surgir. A utilização de mapas mentais e de outras ferramentas gráficas deve permitir a inferência de vários conhecimentos ocultos nas entrelinhas de comportamentos sociais atípicos.

O último beneficiado – e quem sabe o maior – com tudo isso são os setores responsáveis pela tomada de decisões e por transformações importantes no direcionamento da organização. Os setores de tecnologia de informação e a atividade de análise de sistemas também terão o seu quinhão de mudanças. A primeira delas e a mais exigida é que esses setores se desloquem para uma posição mais independente e diretamente relacionada com as áreas estratégicas, em direção ao alto comando da empresa.

Ao assumir aspecto de importância estratégica, o setor não pode mais estar subordinado a outros aos quais presta trabalho. Deve ganhar independência e passar a desenvolver em conjunto com outros setores ou orientar novas formas de trabalho em consultorias temporárias.

Em seu entorno, os usuários que utilizam a tecnologia e os serviços de desenvolvimento de sistemas são chamados de *técnicos administrativos*, e não *técnicos informáticos*, por maior que seja seu trabalho e envolvimento com a tecnologia da informação.

A ignorância, por parte de alguns departamentos, pode tornar possível observar executivos tomando decisões tendo como dados as manchetes de jornal da semana retrasada. Parece claro que nessas situações o prejuízo desse atraso se mostra uma indesejada realidade.

Observe uma projeção de utilização da tecnologia da informação e dos serviços de análise de sistemas. Com base nela, é possível reconhecer a importância de usuários de tecnologia devidamente qualificados. Esses serviços podem influenciar:

- a determinação de posições de estoque e sua reposição;
- a decisão de investimentos;
- a promoção de campanhas de *marketing*;
- a atividade de controle de gastos financeiros e o redimensionamento de recursos;
- a forma de acelerar e melhorar os resultados das informações contábeis;
- a proposta de desenvolvimento de estudos e pesquisas científicas no interior da empresa;
- o estabelecimento de planos de formação permanente e continuada a partir da criação de sua **universidade corporativa**;
- a qualificação de lideranças.

Ainda que não indefinidamente, essa lista pode ser estendida a diversas outras áreas como as de segurança pessoal, **segurança da informação** e **inteligência competitiva**, estando em uso e disseminada com utilização da tecnologia da informação, envolvendo diversos aspectos dos serviços de análise de sistemas. Na atualidade, a informação é um patrimônio de inestimável valor e, assim, esses serviços ganham destaque.

Aos poucos, as lideranças iniciam um processo de interação com os sistemas de tecnologia da informação, tendência demonstrada em estudos desenvolvidos por Ireland (2012) e por outros diversos pesquisadores acadêmicos da área. Segundo esse autor, os líderes com esse perfil gradualmente eliminam o desagradável fato de terem de buscar essas informações em analistas externos ou setores diferentes apresentarem informações controversas sobre o mesmo assunto.

Um resultado interessante é pontuado em pesquisa desenvolvida pela Pricewaterhouse Coopers – PWC (2014), que indica que sete entre cada dez empresas com melhores resultados de vendas apresentam um relacionamento diferenciado entre os setores de *marketing*, tecnologia da informação e desenvolvimento de sistemas. Esse fato revela a importância de toda a organização conhecer e disseminar as funções desse setor.

Se considerarmos o relacionamento de pessoal não informático com analistas de sistemas e programadores do setor da tecnologia da informação como uma parceria e se esta for desenvolvida com uma interação constante, a organização tem muito a ganhar, e canais de venda e distribuição aumentam seus resultados. Essa é uma realidade ainda não totalmente aceita por algumas empresas.

Prensky (2010) e mais recentemente Mattar (2010) trabalham para entender como a **geração digital** nascida a partir do ano 2000 pensa e age. Com essa percepção, é possível obter conhecimento sobre como atingir um ponto de convergência entre desejos e vontades. Os primeiros resultados revelam que se trata de uma geração que navega e consulta muito antes de decidir por efetuar uma compra, além de levar em consideração o que seus pares digitais têm a dizer nas grandes redes sociais. Esse é mais um dado que dá destaque aos setores de tecnologia de informação e desenvolvimento de sistemas.

Ficam caracterizados os contornos do mercado de acordo com a vontade da geração digital. Tessman (2015) considera as redes sociais como ambientes nos quais se reúnem pessoas com interesses diversos e que em determinado momento podem apresentar algum ponto comum e, nessa situação, conectarem outras milhares, passando a representar uma opinião social de peso que pode alterar comportamentos e até mudar regimes de governo.

Perceba que neste capítulo foi analisada a motivação para que a organização invista de forma maciça em treinamento de pessoas para utilização das tecnologias da informação e dos serviços de análise de sistemas. O resultado dessa ação reiterada pode trazer melhorias na racionalização dos trabalhos e, ao mesmo tempo, aumentar os resultados apresentados pela organização.

Para reforçar ainda mais essa ideia é importante lembrar que estudos desenvolvidos pelo Instituto eComerceOrg (E-commerce.org, 2015) revelam que é possível contar nos dedos das mãos as empresas brasileiras que realmente entendem, compreendem e aceitam que na atualidade seu usuário nas redes apresenta um perfil diferenciado quando comparado ao das gerações anteriores. A geração digital começa a movimentar de forma decisiva o comércio eletrônico.

Essa é uma proposta em destaque e que deve ser olhada com cuidado e atenção pelas organizações do mercado contemporâneo.

Prática

Neste capítulo, você teve oportunidade de identificar a necessidade da formação de um conhecimento básico na área da tecnologia da informação e serviços de análise de sistemas. Sugerimos que você analise o que lhe foi repassado e procure indicar um programa de qualificação, a ser efetivado como **formação permanente e continuada**.

Glossário

Analista de dados: Novo tipo de profissional que sabe trará vantagens se souber trabalhar de forma adequada com o grande volume de dados. É uma função altamente valorizada no mercado e que passa a atrair um número cada vez maior de pessoas, provenientes de diferentes áreas do conhecimento.

***Big data*:** Jargão da informática utilizado para definir grandes volumes de dados captados pelos motores de busca e armazenados pela organização em atividades de *data mining* e *data warehouse*. Sobre esses grandes repositórios, são realizados diversos tipos de pesquisa de modo a prover a transformação delas em informação útil.

Capital intelectual: Considerado por Rezende (2014) um patrimônio da organização formado durante o tempo de trabalho do colaborador. Apesar de seu aspecto de valor intangível, é inegável que pode conferir diferencial competitivo às empresas que investem em processos de formação de novas competências e habilidades.

Computação em nuvem: Termo essencialmente técnico. É recomendável que você anote essas expressões voltadas à área. Veras (2012) define o tema como a possibilidade por parte das organizações de comercializar *software* e *hardware* para que as pessoas não necessitem reservar espaço nem comprar e instalar aplicativos em seu computador. Elas podem pagar somente pela utilização que fizerem desses produtos, de acordo com contratos que podem ser cancelados a qualquer momento.

Data mining* e *data warehouse*:** **Data mining** (mineração de dados) e **data warehouse** (armazenamento de dados) são as atividades de pesquisa com utilização dos motores de busca e armazenamento em estado bruto das informações coletadas. São pontuadas por Immon e Linsted (2014) como fundamentais para a construção dos ***decision support systems (a sigla em inglês é DSS e significa sistemas de suporte à decisão).

***Decision support systems*:** Naura (2014) considera os DSS sistemas que transformam informações e as apresentam aos usuários de forma que eles possam identificar e resolver problemas, com ágil e eficaz tomada de decisões.

Desterritorialização do capital: Característica moderna, capacitada pela evolução das telecomunicações. É considerada por Chesnais, Ietto-Gillies e Simonetti (2003) como agente direto pela facilidade de transferência de uma organização e toda a sua infraestrutura de uma localidade física para outra, o que pode provocar fenômenos sociais de elevado impacto na economia de países em desenvolvimento. Essa mudança quase imediata é proporcionada pelo fato de a sua infraestrutura estar quase totalmente apoiada no meio digital, o que torna simples e rápida a readequação a uma nova localidade.

Formação permanente e continuada: Considerada por Davies e Longworth (2014) um processo que se estabelece na sociedade contemporânea, a atualização profissional torna-se um desafio, levando-se em conta que a formação obtida nos bancos escolares não é mais suficiente no longo prazo, como era comum de se observar no mercado de trabalho alguns anos atrás. Hoje o elevado processo de evolução tecnológica torna obsoletos, em um tempo muito menor, conhecimentos e profissões.

Geração digital: Prensky (2010) e Mattar (2010) trabalham na identificação de características dessa nova geração. Consideram-na como aquela nascida a partir dos anos de 1990 e que, durante toda a sua vida, teve influência da tecnologia da informação em praticamente todas as atividades diárias dessas pessoas. Elas apresentam uma forma diferente de relacionamento e de vivenciar o processo de aprendizagem a qual deve ser considerada em quaisquer iniciativas educacionais.

Globalização: Vetter (2008) considera a expansão das tecnologias um dos principais elementos facilitadores da ocorrência da globalização. Com a **desterritorialização do capital**, as grandes organizações se beneficiam com isso, sendo resquício desse processo a instalação de problemas sociais de grande monta na sociedade de países emergentes.

Inteligência competitiva: Em seus estudos, Vidigal (2016) apresenta o tema como uma nova forma de espionagem industrial. Trata-se da observação constante do que a concorrência publica nas redes sociais e nos meios de comunicação digitais, antecipando ações ou que criando-se novas formas de apresentar as mesmas informações para a divulgação e a venda de produtos.

QI digital das organizações: Obtido por meio de estudos e pesquisas efetuados por empresas de consultoria e órgãos voltados para o trabalho com administradores e gestores de empresas. A expressão é definida nos estudos desenvolvidos pela PWC (2014) como o entendimento, a valorização e a integração da tecnologia no interior da organização. O QI digital é encarado como um recurso da organização e uma das áreas de maior volume de investimento.

Redução das distâncias: Cairncross (2014) considera a redução das distâncias como um dos principais resultados da evolução tecnológica, abrindo possibilidade de movimentação de organizações em um mapa mundial estratégico. É uma proposta que pode permitir uma chancela multicultural às iniciativas locais.

Segurança da informação: Cuidados que devem ser tomados com relação às informações que a empresa utiliza. Segundo Rao e Nayak (2014), devem ser verídicas e confiáveis. É objeto da segurança da informação: impedir acessos não autorizados e garantir a integridade das informações.

Universidade corporativa: Definida por Vilhena e Mello (2014) como uma das unidades de planejamento estratégico das organizações modernas[2], tem como objetivo oferecer cursos aos colaboradores internos e estabelecer convênios para obtenção de certificação para seus cursos.

2 Por vezes, a universidade corporativa é erroneamente considerada como uma universidade com padrão tradicional de ensino.

03

IMPORTÂNCIA DO CONHECIMENTO DOS SISTEMAS DE INFORMAÇÃO

03

O CONHECIMENTO EM tecnologia da informação e a análise de sistemas é tido na sociedade contemporânea como uma necessidade. Sem ele, a formação profissional é insuficiente, o que pode fazer a organização perder competitividade.

Muitas das realizações das **novas tecnologias da informação e da comunicação** (NTIC), nome comum dado à tecnologia, resultam da evolução da comunicação e seu barateamento. O acesso de um número cada vez maior de pessoas à informação subjacente no tecido social provoca drásticas transformações sociais.

Praticamente todos os segmentos sociais se envolvem com as NTIC em algum momento. Elas despertam o interesse de todos os tipos de organização (governamentais e privadas), e isso decorre do fato de que, com seu apoio, podem atingir a liderança em seu nicho de mercado, além de que os processos de automação alcançam um elevado patamar de utilização.

A aceleração da evolução tecnológica parece não ter fim. Todos os dias surgem novos aparatos. A mudança de comportamentos sociais enseja similar transformação nas técnicas de desenvolvimento da atividade de análise de sistemas.

Vivemos – tomando como base um exemplo atual – no tempo das **tecnologias vestíveis**. Com elas, são previstas evoluções que antes somente eram vistas sob a ótica da ficção científica. Roupas que regulam a temperatura do corpo e relógios que controlam indicativos de saúde tomam de assalto uma sociedade que não se preparou para tal evolução tecnológica e que tem pouco tempo para adaptação antes que alguma novidade apareça no horizonte.

Se é desnecessário o conhecimento da complexidade da tecnologia, ser um *expert* em sua utilização está posto como competência e habilidade necessárias para profissionais que não tenham experiência com o trato informático.

Qualquer análise da utilidade da tecnologia da informação deve ser feita levando em conta aspectos sociais. A opção pela utilização do ferramental tecnológico provoca mudanças, algumas significativas, no comportamento das pessoas.

Diferentes estruturas de informação permitem acionar comportamentos humanos diferenciados. Os ajustes devem ser feitos nos computadores, para adaptação às características profissionais, ou nas características pessoais, a fim de que todas as possibilidades da ferramenta tecnológica sejam utilizadas. Outra linha entende que o foco da tecnologia da informação deve estar na coleta, no armazenamento e na classificação da informação para que sua utilização seja proveitosa e possa trazer benefícios à organização.

Por outro lado, esse conhecimento não é relevante se as informações colocadas à disposição das pessoas para que possam dar estrutura ao conhecimento não são compreendidas. A tecnologia da informação, então, permite a construção de um conjunto de **informações estruturadas**.

Dados ou informações não estruturados são, por exemplo, o que circula na grande rede. Quando se inicia algum processo de qualificação (via **metadados**), informações complementares são acrescentadas a determinada informação isolada. Esta, a partir daí, estará relacionada com uma ou diversas outras. Isso é uma informação estruturada de acordo com parâmetros estabelecidos.

Na atualidade, com a evolução dos estudos sociais, surgem novos conceitos. Segundo Feenberg (2012), há uma qualidade que necessita ser discutida: a sabedoria. É ela que permite que a informação seja utilizada da forma correta, respeitando princípios éticos. Graças, em parte, às redes sociais, ser verdadeiro e correto é uma qualidade que deixa de ser desejável e se torna impositiva. Considera o autor que, se o conhecimento representa a informação estruturada, a sabedoria corresponde ao conhecimento especialmente organizado de forma a despertar a confiança das pessoas.

Em paralelo às questões individuais, nas NTIC, encontra-se a necessidade de que a evolução tecnológica seja apropriada em nível social. É preciso evitar o abismo que se abre entre os países desenvolvidos e os em desenvolvimento – a evolução tecnológica é considerada uma das únicas formas de igualar oportunidades.

A grande rede se apresenta como um meio de democratização do acesso dos menos favorecidos e que pode igualar as oportunidades para todos. É preciso aceitar e compreender que a humanidade atravessa uma quadra de tempo complexa denominada ***Era da Informação***, que passou a ser vista como a base para a criação de conhecimentos.

No contexto que está sendo descrito, há outro campo que se destaca: a necessidade de formação permanente e continuada. Anteriormente definida, ela volta a merecer atenção. Assim, na Era da Informação, um dos mais importantes investimentos deve ocorrer na área de educação. Ela deve cobrir do chão de fábrica até o mais alto escalão e abranger com destaque o estudo das tecnologias da informação e comunicação.

Prática

Monte uma lista de necessidades que compreendam a formação do profissional do terceiro milênio com relação aos conhecimentos que ele deve ter sobre o campo das NTIC.

Glossário

Bluetooth: Nome dado a uma tecnologia de comunicação efetivada sem que os dispositivos interligados estejam unidos por fios (*wireless*, "sem fios"). É muito utilizada na transmissão de dados entre computadores, telefones celulares inteligentes, câmeras digitais, impressoras e outros dispositivos. Essa transmissão é efetivada via sinais de rádio.

Era da Informação: Castells (2011) define como *Era da Informação* a sociedade interligada em rede, na qual informações circulam em todas as direções, o que imprime um ritmo acelerado de inovação e transformação social. Ela sucede e convive de forma conflituosa com a era industrial.

Informações estruturadas: Segundo Tarkoma (2010), para compreender o que representa uma informação estruturada é preciso, em primeiro lugar, saber identificar e definir o que é uma informação não estruturada. Os dados são recolhidos e guardados. Depois de organizados, transformam-se em informação não estruturada. O tratamento desta para que possa responder a determinado contexto lhe dá o caráter de informação estruturada.

Metadados: Para Park (2014), são uma forma de reunir elementos destinada a aumentar a compreensão descritiva de recursos eletrônicos. Eles representam dados sobre outros dados, ou informações sobre outras informações, que dão estrutura à determinada informação isolada.

Novas tecnologias da informação e da comunicação: De acordo com Moreira (2010), são tecnologias que utilizam métodos iniciados após a revolução informacional. Elas agilizam procedimentos e trazem maior conteúdo informacional para que setores estratégicos possam tomar decisões apoiados em informações estruturadas de acordo com as características do negócio.

Tecnologias vestíveis: Segundo estudo de Redorbit Press (2014), são produtos vinculados ao corpo humano, que a ele se adaptam de diferentes formas. Além de trazerem mais próximas algumas facilidades (auferir a pressão, atender ao celular ao toque de um dedo etc.), elas efetuam medições e transmissão de dados para algum dispositivo **Wi-Fi** ou ***bluetooth***.

Wi-Fi: Ligações Wi-Fi são aquelas em que dispositivos móveis podem acessar, via frequência de rádio, infravermelho etc., redes a partir de um ponto de acesso livre ou com senha. Já o *bluetooth* ocorre via ondas de rádio que interligam dispositivos com a mesma tecnologia. O seu alcance é variável e depende da qualidade dos aparelhos pareados.

04

SISTEMA DE INFORMAÇÃO GERENCIAL

04

UM SISTEMA DE INFORMAÇÃO GERENCIAL (SIG) representa uma particularização entre outras categorias de sistemas da organização e se responsabiliza pelas decisões tomadas por setores estratégicos das organizações.

Na análise de sistemas tradicionais, o analista é quem define os requisitos a que o sistema deve atender, de acordo com orientações emanadas de pessoas que irão trabalhar com ele. Assim, a importância do usuário nas atividades de análise de sistemas[1] ganha destaque especial.

Como componente de uma divisão maior, um SIG é, antes de tudo, um sistema. Gupta (2014), de modo simples, considera que um sistema é qualquer coisa com um propósito. Pode haver quem reclame de uma definição tão minimalista. Entretanto, para o autor, é preciso chegar aos poucos a uma definição mais completa, com o acréscimo de outras informações. Assim é possível levar em conta que, para atender a esse propósito, o sistema tem uma abrangência (escopo) que define o que será atendido. Pode ser um sistema simples, de registro de clientes que efetivam compras em seu estabelecimento.

É possível extrapolar essas considerações e propor uma definição mais abrangente e formal. Antes, porém, é importante que se defina o que são dados e o que são informações, ponto no qual alguns leitores apresentam dificuldade de entender. Ainda que possam parecer a mesma coisa, são conceitos diferentes.

Se alguém chegar até você e lhe disser que o dia 12 de junho é um dia especial, pode parecer que isso não tem significado nenhum; esse é um dado isolado, que nada lhe diz. Se completarmos a informação contando que nessa data se comemora o Dia dos Namorados, acabamos de dar significado ao que antes era um dado. O dia 12 de junho, de maneira isolada, é um dado, não lhe acrescenta nada.

1 Esses sistemas serão estudados em uma visão macro no desenvolvimento deste capítulo.

Essa data tem uma importância para o comércio, nessa competição desenfreada observada em todos os campos em todo o mundo. Tudo se transforma em uma arena de combate. Um dado isolado se tornou uma informação, e sua utilização pode ser proveitosa. Não é incomum a confusão entre essas definições, mas, quando ela ocorre, passos relevantes podem deixar de ser dados no interior do sistema.

Reflexão

Não avance sem fazer esse pequeno exercício de reflexão, é importante para compreensão de aspectos mais complexos que serão tratados na sequência. Escolha três outros exemplos de sistemas e identifique se o que eles transmitem são dados ou informações e indique, neles, qual o seu nível de estruturação, a exemplo do que foi feito com os SiGs.

O que você na realidade fez com intenção específica foi repetir o que faz de forma inconsciente durante todos os dias. Você recebe os dados, dá significado a eles ou relaciona-o a alguma situação ou conhecimento anterior e obtém a informação. Com ela, você constrói conhecimento.

Assim, as organizações tratam dados e os transformam em informações e em conhecimento, o que lhes dá um diferencial competitivo em um mercado volátil, em constante mudança e no qual as decisões têm de ser tomadas de forma cada vez mais rápida. O conhecimento possibilita que as coisas ocorram da melhor forma e quem o detém leva vantagem.

Os dados brutos devem ser processados de alguma maneira. Imagine se um comerciante tivesse uma relação dos clientes aniversariantes daquele dia. Ele poderia enviar uma mensagem por celular, *e-mail* ou rede social e lhes oferecer algum brinde. É indiscutível que o relacionamento entre eles será diferenciado. O comerciante terá um cliente fiel e que, sempre que puder, efetuará compras em seu estabelecimento.

Simples assim? Simples assim! Mas até chegar a isso foi necessário estabelecer um plano de ação (planejamento) que resultou na possibilidade de atuar de forma diferenciada. Esse é o trabalho da análise de sistemas de informação. Os dados desconectados foram estruturados e organizados, com um filtro com apenas os aniversariantes daquele dia, eventualmente com as preferências deles por algum produto ou serviço.

Quem define o que deve ser feito com determinado conjunto de dados é o analista de sistemas ou, em empresas de menor porte, administradores, secretários ou outros profissionais, desde que devidamente instruídos para tal. Por isso, a análise de sistemas é considerada uma praia sem dono; não há mais sentido considerá-la como parte integrante apenas de cursos de formação de técnicos informáticos. Muitas das decisões de gabinete não são tomadas por eles. Se feitas com algum conhecimento de causa, podem apresentar melhores resultados.

O problema maior para o analista é que a maioria dos usuários não sabe o que quer ou, se sabe, o fato de automatizar algum procedimento pode lhe retirar da zona de conforto que a rotina lhe reservou. Então o trabalho do analista não é somente responder a estímulos vindos diretamente dos usuários, mas também levantar necessidades que nem os usuários sabem que têm.

Podemos concluir, que, se o usuário precisa do analista, o inverso também é verdadeiro. Deve haver reciprocidade, assim a comunicação eficaz entre o usuário e o analista é vital. Sem ela, os sistemas podem apresentar dificuldades de funcionamento que na realidade não existem quando vistas sob aspectos puramente técnicos.

É quase certo, a menos que um processo seja extremamente simples – algo difícil de acontecer –, que, se dois analistas analisarem-no, as soluções apresentadas por eles serão diferentes. Aí entra em foco o ponto final que queremos para esta parte do livro: cada um utiliza um método diferente de **entrevista, registro** e **apresentação de caminhos** a serem percorridos. Nesse contexto, entra em cena a **metodologia**, estratégia para a superação dos problemas enfrentados.

Assim como uma árvore pode ser mensurada pelos frutos que produz, um analista pode ter seu valor determinado pela qualidade dos sistemas que desenvolve. A metodologia envolve técnicas as quais, sozinhas, não garantem um bom resultado; há a necessidade de um toque pessoal do analista, de sua metodologia de trabalho.

Definir um sistema passa por todas as etapas discutidas nos parágrafos anteriores. É um processo composto por técnicas, ferramentas, convenções e produção de documentos que definem todas as tarefas que devem ser feitas. É algo parecido com fazer um almoço: quando a cozinheira segue a receita, pode ser que alguma coisa boa seja preparada. Todavia, duas cozinheiras seguindo a mesma receita podem elaborar produtos diferenciados em termos de satisfação de uma pessoa.

Alguém pode argumentar que um sistema não apresenta aspectos simples como os que estamos tratando. Aí entra a esperteza do dividir para vencer. Quando um sistema representa uma ideia complexa, ele é dividido em pequenas partes que podem ser reconstruídas sob a visão de partir do mais simples para o mais complexo. Quanto maior o número de pedaços, maior o problema em gerenciá-los para que funcionem de forma harmônica quando forem novamente colocados juntos. Isso exige uma noção complementar da qual muitos sistemas em seu ciclo de vida não tiveram: uma documentação correta.

Muitos sistemas andam nos trilhos até o momento em que deles se exige uma documentação. Nessa ocasião, o castelo de cartas desmorona.

Acabamos assim por definir, de forma completa, um sistema de informação. Vamos então retornar à definição clássica e acadêmica. Gupta (2014) considera que os sistemas de informação são coordenadores de processos que fornecem as informações necessárias para gerenciar com eficácia o processo de tomada de decisões nas organizações. Resultado da interação colaborativa entre pessoas, tecnologias e procedimentos são utilizados como estratégia pelas organizações que colocam a tecnologia da informação a seu serviço, para atingir o objetivo de se tornarem mais competitivas.

Deste ponto para frente podemos encontrar e compreender todo um conjunto de definições, tais como a proposta por Laudon e Laudon (2007). Esses autores apresentam um viés mais clássico, no qual um sistema pode ser considerado como um conjunto de componentes inter-relacionados que coleta (ou recupera), processa, armazena e distribui informações destinadas a apoiar atividades de controle no interior da organização.

Essa definição pode ser estendida para qualificar um sistema de informações, mas ainda cabe um refinamento que venha a torná-la apropriada e com escopo previamente definido. O que vamos apresentar a seguir é a compilação de respostas de outros leitores ou participantes de cursos que utilizam este material. Na convergência das percepções, foi possível considerar um SiG como uma ferramenta que reúne dados que são transformados em informações organizadas e estruturadas, podendo ser utilizada para dar suporte ao processo decisório e estratégico da organização.

Chegamos, então, a uma definição que neste ponto da leitura pode ser mais bem compreendida, mas que ainda mantém como válida a simplicidade da primeira. Ao término deste capítulo, esperamos que você esteja capacitado a entender o que é um sistema de informação, repassar esse conceito de forma detalhada a outras pessoas e participar de fases iniciais de desenvolvimento de sistemas com a compreensão de envolvimento ativo da comunicação entre o analista e os usuários do sistema.

Reflexão

Considerando a importância do tema, monte uma definição particular, que possa ser considerada clara e simples, sobre o que é um sistema de informação gerencial.

Glossário

Entrevista, registro e apresentação de caminhos: Etapas que fazem parte da interação do analista de sistemas com os usuários finais e que são preliminares importantes, antecedentes ao desenvolvimento e à apresentação do projeto final.

Escopo: O escopo de um sistema se refere a tudo aquilo que ele pretende atingir em sua abrangência. *Grosso modo*, é a finalidade, o alvo, o intento ou o objetivo estabelecido como meta final do sistema. O alcance pode redefinido para o registro de valores, tipo de mercadoria, nome, endereço e outras informações. A cada nova informação você tem maiores possibilidades de ter uma informação mais completa. Pode saber quantas vezes ele comprou, quanto gasta em média, em qual período gasta mais e assim sucessivamente.

Metodologia: Em sua etimologia, a palavra *metodologia* é o caminho para além dos estudos utilizados para se chegar a algum objetivo. É o resultado de observação e experimentação que permite que se atinjam resultados satisfatórios quando se coloca um sujeito ou alguma coisa como objeto de estudo.

05

IMPORTÂNCIA DO CONHECIMENTO DOS SISTEMAS DE INFORMAÇÃO GERENCIAL

05

SE VOCÊ TEM contato com setores de tecnologia da informação de pelo menos uma empresa, faça uma visita e procure observar como o sistema de informação gerencial (SIG) é utilizado. Não procure os desenvolvedores deles, mas sim pessoas que são usuários, as quais sãos as mais indicadas para lhe dar alguma informação.

Expandindo o conceito

De nossa experiência, com poucas exceções, os administradores vão reclamar de algo que está a contento e em alguns casos você irá observar que eles não sabem utilizar todas as facilidades disponíveis nos SIGs. Isso não será privilégio de uma ou outra empresa, pois é uma situação indesejável e lamentavelmente quase geral.

O problema está no "divórcio" entre os analistas desenvolvedores e aqueles que vão utilizar o sistema. Essa é uma constatação que destaca a importância do usuário final no processo, desde que o sistema é iniciado. Existem diversas técnicas para desenvolver um projeto, mas elas são mais indicadas para os desenvolvedores; para o usuário, há algumas informações importantes e que podem convencê-lo da importância de utilização desses sistemas.

Aos usuários dos SIGs, são demandados os seguintes comportamentos:

- conhecer e saber utilizar os sistemas de informação;
- anotar e observar os resultados que a empresa obtinha antes e depois da implantação deles;
- analisar o aumento da **sustentabilidade** da **vantagem competitiva** em pontos específicos e relacionar melhorias às características do sistema;
- ajustar a utilização do sistema a características pessoais dos colaboradores de forma a aproveitar todas as potencialidades oferecidas por eles;
- alinhar o sistema com as estratégias da organização de forma que sua produtividade seja efetiva (**alinhamento estratégico**);
- mensurar constantemente o acerto na aplicação dos resultados e consequentes sugestões apresentadas para decisões importantes a partir das informações do sistema;
- anotar pontos fracos que o sistema apresentar;

- verificar o nível de aperfeiçoamento da eficiência administrativa;
- verificar se as regras estabelecidas são possíveis de serem seguidas e se estão de acordo com as políticas de bom relacionamento entre a organização e os seus colaboradores;
- observar se há alguma quebra hierárquica sugerida por algum procedimento orientado pelo sistema;
- analisar a adequação dos procedimentos operacionais padronizados às características do sistema, desde que sejam possiveis;
- verificar se as propostas de aumento de produtividade estãode acordo com a capacidade de trabalho das equipes administrativas;
- observar alterações que possam advir da implantação do sistema ao clima organizacional, cuja manutenção está entre os objetivos prioritários que não podem ser afetados pelos sistemas implantados;
- observar a adequação do sistema às características únicas da organização.

Essa função, que pode ser apropriadamente chamada de ***auditoria de sistemas***, algo reservado a analistas experientes, pode ser realizada por todos os usuários de forma individual. Com isso, há uma maior adequação possível do sistema às caracteristicas pessoais e organizacionais.

A utilização de SIG normalmente gera forças-tarefa que devem ser cuidadosamente determinadas e que, preferencialmente, tenham uma ou mais lideranças naturais envolvidas. Não é incomum que, durante a fase inicial de implantação, um SIG exija uma dedicação que esteja além do que é desenvolvido no ambiente objeto de estudo do sistema.

Empresas de sucesso são aquelas que conseguem reagir de forma rápida às mudanças do mercado. Um dos principais objetivos dos SIGs está exatamente na proposta de permitir aumento na velocidade de decisões estratégicas, as quais não podem ser desenvolvidas ao sabor do improviso, sem a segurança de um cuidadoso plano de implantação.

É importante ter em mente que os SIGs causam diferentes impactos em diversos tipos de organizações. Geralmente levam a efeitos que podem atingir toda a empresa, pois geralmente são ferramentas integradas com diversos outros sistemas que rodam de forma integrada e *on-line*.

Na atualidade, esses sistemas estão disponíveis em qualquer localidade (computação em nuvem) com acesso por meio de dispositivos móveis, como ***tablets*** e ***smartphones***. A computação em nuvem pode quebrar um dos paradigmas hoje existentes do desenvolvimento de aplicações realizadas por analistas contratados como colaboradores e passar a utilizar sistemas já existentes e com resultados comprovados, construídos fora da organização. É outra perspectiva garantida por contratos *Service Level Agreeement* (SLA) – acordo de nível e qualidade do trabalho entregue – que podem estabelecer pesadas multas e outras penalidades no caso do não cumprimento das condições estabelecidas.

O fato de o departamento de tecnologia da informação ser um dos mais caros no interior da organização talvez explique por que muitas empresas estão pensando em adotar essa solução que pode representar ganhos significativos. A produção a preços mais baratos sempre foi um atrativo para os patrões, e a possibilidade de aliar melhor qualidade a menores custos é atrativa a qualquer organização.

A sobra de tempo possibilitada pela troca desses departamentos por grupos de analistas de resultados – ou então pessoas externas, mas isso pode gerar um risco maior – pode trazer bons resultados.

Uma forte corrente de pensamento denominada ***teoria comportamental***, utilizada por alguns como argumento irrefutável, considera que os sistemas de informação não transformam a organização, mas apenas representam instrumentos dos quais ela se utiliza para atingir seus objetivos.

Considera-se que todo indivíduo é um tomador de decisões com base nas informações que recebe do ambiente. Sem se importar com a origem de qualquer ferramenta à sua disposição, utiliza esses dados – transformados em informação – de forma a atender objetivos particulares ou da organização, ou aos dois, depois de um prévio alinhamento.

Para o usuário dos sistemas, esse aspecto tem pouca influência e, se impacta algo, isso somente se evidencia quando há necessidade de alguma alteração que exija negociação particular com o desenvolvedor externo.

A maior vantagem citada defendida por essa corrente está relacionada com a eliminação de intermediários, tornando-se desnecessários os gerentes médios. Isso pode levar os colaboradores de níveis inferiores a participarem de forma mais ativa no estudo dos resultados fornecidos pelo SIG.

A descentralização hierárquica programada do processo decisório é citada como um benefício. No entanto, essas considerações representam correntes de pensamento, e não o comportamento geral. A convergência mais marcante é a utilização dos resultados pelos usuários transformados em analistas de resultados, mais do que analistas de sistemas.

As **redes de relacionamento profissional** permitem a criação das organizações virtuais, que congregam grande número de consultores, não mais com a relação patrão e colaborador, mas com discussões trazidas ao mesmo nível hierárquico. Os fornecedores de *software* ganham um novo palco de debates em que métricas e padronizações podem ser sugeridas para que um sistema seja totalmente compatível com todos os equipamentos e outros *softwares*, com os quais pode integrar-se de forma transparente sem solicitar autorização. Essa ainda é uma ideia em discussão.

Todos essas circunstâncias conferem importância cada vez maior aos usuários finais. Se o desenvolvimento do sistema é terceirizado, a organização passa a depender mais da participação ativa de seus usuários para que os resultados obtidos sejam positivos.

Voltando um pouco ao campo mais teórico da administração, Fayol (2013) considera que o processo de gerenciamento é composto por cinco principais funções: planejar, organizar, coordenar, decidir e controlar. No caso dos SiGs, essa aplicação se acomoda de forma indelével no perfil do interessado em aperfeiçoar o seu trabalho com esses sistemas, sem que para isso tenha de estudar informática, para atingir um nível de especialização que dele não é esperado.

Assim, espera-se que o usuário tenha a consciência da importância de que se torne experto nos SiGs e com eles desempenhe as seguintes funções:

- tomar decisões acertadas com base em um conjunto de informações mais seguras;
- alinhar as ações com a estratégia organizacional;
- direcionar a formação para que esta seja permanente e continuada, desenvolvendo, aos poucos, competências e habilidades não para o aperfeiçoamento de sistemas, mas para facilitar a compreensão por parte do das formas de trabalho e de seus resultados;
- facilitar e acelerar a tomada de decisão operacional;

- desenvolver a mesma perspectiva para decisões ao nível de conhecimento;
- adquirir competências e habilidades para identificar, entender e sugerir modificações nos SiGs utilizados pela organização;
- compreender que um SIG, ao ser desenvolvido, considera diversos aspectos em uma visão sistêmica que inclui e leva em conta: o ambiente, a estrutura, a cultura e as políticas que a empresa adota; o investimento que faz em lideranças; e os processos de negócios. Todo esse espectro é contemplado pelos SIG.

Diálogo

Sugerimos que neste ponto você interrompa o estudo e utilize parte de seu tempo para nos dar uma devolutiva. Até agora foi adotada uma linha que não nega a importância do analista de sistemas, mas apenas considera fora de propósito a o estudo do mesmo conteúdo por analistas e não analistas, quando essa cadeira é oferecida, por exemplo, em cursos de Administração. Essa linha de raciocínio tem sido bem aceita, e o retorno dado, providencial. Assim, desenvolva essa análise do que está disposto na lista referenciada e envie diretamente ao *e-mail* de contato com o autor.

Glossário

Alinhamento estratégico: Alinhamento que assegura a vinculação das diversas unidades e departamentos à estratégia da organização, garantindo que o trabalho, as ações, as decisões e o comportamento de todos os indivíduos, de todos os níveis, estejam diretamente ligados para apoiar o que foi adotado pela empresa com vistas a se tornar competitiva no mercado. Segundo Brodbeck e Hoppen (2003), essa é uma proposta que normalmente está ligada à missão empresarial.

Auditoria de sistemas: Muitas vezes, essa atividade está relacionada com atividades de prestação de contas. Grateron (1999) considera que o seu desenvolvimento é uma necessidade e entende uma análise dos resultados como a confrontação entre as previsões e o orçamento proposto.

Mobilidade total: Capacidade dada aos profissionais na sociedade da informação e da comunicação de estarem "ao mesmo tempo" em diferentes localidades, devido ao acesso facilitado pela internet. É um fenômeno que muda de forma significativa o desenvolvimento de diversas tarefas realizadas pelas organizações no mercado contemporâneo.

Redes de relacionamento profissional: Barros (2014) pontua que, nos dias atuais, para qualquer profissional, a participação em redes de contatos profissionais é imprescindível. Em seus estudos sobre a influência do LinkedIn na formação de profissionais, observou a exigência da participação nessas redes para evoluir em sua área/carreira.

***Smartphones*:** Em tradução livre "telefone inteligente", *smartphones* são os telefones celulares com sistemas operacionais com potencialidades similares àquelas que podem ser observadas nos computadores de maior porte. Esse sistema só foi possível após a incorporação de *chips*.

Sustentabilidade: Conceito diretamente ligado a como a empresa se mostra saudável em um mercado no qual a maioria delas não chega ao terceiro ano de existência. Assim são as corporações que conseguem se sustentar e ainda guardar reservas para enfrentamento dos tempo de "vacas magras", que ocorrem devido às oscilações de um mercado sujeito às variações da economia em um nível global.

***Tablets*:** Dispositivos tecnológicos resultantes do processo de miniaturização e que são responsáveis pela **mobilidade total** que têm os profissionais na atualidade. A tendência, porém, é a de que eles logo se tornem obsoletos, substituídos pelos *smartphones*.

Teoria comportamental: Watson (citado por Carrara, 2007), um dos defensores da teoria comportamental, ressalta que esse campo envolve sociologia, psicologia e ciências políticas, de modo a traduzir da forma mais clara possível o comportamento individual das organizações.

Vantagem competitiva: Frequentemente chamado de *diferencial competitivo*, esse fenômeno ocorre quando a organização consegue ser distinguida da concorrência por ofertar aos clientes produtos com alto valor agregado, que garantem qualidade, tempo de entrega e acompanhamento do ciclo de vida, com suporte diferenciado e, assim, atendendo às necessidades e aos desejos dos clientes.

06

TIPOS DE SISTEMAS DE INFORMAÇÃO GERENCIAL

06

ATÉ O MOMENTO, o sistema de informação gerencial (SIG) foi tratado de forma genérica, sem que se propusesse qualquer tipo de **taxonomia**, o que faremos a partir deste capítulo.

Visão inicial

Cada organização tem necessidades específicas. Neste capítulo vamos imaginar uma empresa de grande porte e os sistemas que normalmente têm instalados. As de pequeno ou médio porte, tendo ou não terceirizado esse trabalho, podem utilizar as mesmas recomendações colocadas neste material para formação dos usuários de SIG.

Em primeiro lugar é importante destacar que as organizações, sem exceção, utilizam os SiGs e os serviços de análise que os definem para melhorar o nível das decisões estratégicas tomadas com vistas a conquistar seu lugar no mercado, atribuindo assim sustentabilidade aos trabalhos desenvolvidos para o aumento de sua competitividade. Sem importar o porte, uma organização bem-sucedida utiliza uma série de SIG como forma de alavancar as atividades de negócio e melhorar a tomada de decisões.

Os sistemas utilizados pela organização contemporânea, sejam eles internos, sejam externos, recolhem dados e os processam de acordo com necessidades individuais. Dados provenientes da mesma fonte podem resultar diferentes decisões se analisados por diferentes usuários.

Mais recentemente, com a importância dada ao atendimento das necessidades e dos desejos do cliente – que é quem determina todas as suas ações –, surgiram os processos de interação, em atividades de acompanhamento de vendas, personalização no fechamento da venda e acompanhamento pós-venda (valor agregado ao serviço ou produto). Por exemplo, um dos sistemas mais relatados como SIG é a gestão de relacionamento com o cliente[1] (*consumer relationship management* – CRM).

1 Veja o conceito de gestão de relacionamento com o cliente de modo mais completo um pouco adiante neste material.

Tudo o que diz respeito à busca de um novo **nicho de mercado** – levantamento de características dos clientes, recomendações para fechamento, acompanhamento e fidelização – é tratado por esses sistemas. Nos capítulos seguintes vamos tratar dos principais SiGs, sempre com a sugestão do desenvolvimento de tarefas auxiliares e importantes para a compreensão e a fixação do conteúdo.

Sistemas de processamento de transações

Um sistema de processamento de transações é aquele voltado para o atendimento de coleta, o armazenamento, o processamento de dados e o desenvolvimento de facilidades para a obtenção de saídas, orientadas por diferentes tipos de chaves de identificação, as quais podem ser **primárias** ou **secundárias**.

É esse conjunto de chaves que torna o universo de dados acessível por diferentes critérios. Os sistemas de reserva de passagens de companhias aéreas são um exemplo claro desse modelo. Os dados são definidos e modelados, e as chaves, escolhidas. A recuperação pode ser realizada pelas chaves, de maneira a fornecer dados gerenciais segundo diferentes perspectivas. Alguns relatórios possíveis:

- consulta ou impressão de um relatório por idade;
- consulta e impressão de um relatório por gênero;
- controle de quilometragem por cliente;
- partidas de determinado estado;
- outros critérios.

A emissão de bilhetes e outras rotinas de controle são a parte operacional do sistema, que prepara os conteúdos para serem acessados na forma de informação gerencial. Esses sistemas permitem um controle total sobre os voos e são considerados de baixo custo, devido à necessidade de equipes pequenas para o controle do processo.

Sistemas de gestão do relacionamento com o cliente

Os sistemas CRM estão direcionados a sincronizar todos os esforços de venda e *marketing* desenvolvidos pela organização. Esse sistema apresenta muitas funções, das quais a principal é acumular informações sobre o cliente que possam permitir identificar necessidades e desejos.

Outros dados importantes incluem determinar tendências de compra, problemas na comercialização, defeitos em produtos, resultados de campanhas de *marketing* etc. Uma segunda missão, tão importante quanto a primeira, é permitir que o cliente interaja com o vendedor nas devolutivas de problemas relatado, no esclarecimento de dúvidas de utilização, na devolutiva de desempenho do produto. Para isso, é criada uma base de dados que permite o desenvolvimento de **raciocínio baseado em casos** a partir de séries históricas. As utilizações de algumas técnicas de **inteligência artificial** colaboram com resultados mais apurados.

Outra utilização está relacionada ao fato de o SIG permitir que estratégias de colaboração sejam utilizadas com clientes, os quais podem se tornar parceiros de negócios com vistas a interagir uns com os outros e trazer resultados positivos para a melhoria da capacidade de novos produtos e a eles agregar valor. A colaboração entre clientes e organizações pode acontecer em tempo real, podendo estar os parceiros em localidades remotas. Os relatórios gerenciais possibilitados por esse tipo de SIG direcionam as ações da organização.

Sistemas *de inteligência de negócios*

Sistemas de inteligência de negócios apresentam uma característica que os diferencia de todos os demais: o elevado nível de complexidade de desenvolvimento e utilização. Eles identificam, extraem e analisam dados considerados necessários em diversas demandas operacionais, das quais não se exclui a tomada de decisões, abrangendo um escopo ainda maior.

Esses sistemas fornecem análise com previsões de venda futura, com simulações e dados estatísticos para prever como o mercado futuro irá se comportar. Análise de custos correntes, previsões de receitas e medidas corretivas e de incentivo também resultam desses sistemas; eles são retirados dos processos de venda e são vistos sob perspectiva diversa dos sistemas CRM, por exemplo.

Eles controlam o desenvolvimento dos sistemas de mineração de dados e de armazém de dados, também anteriormente definidos. O exame de grandes séries históricas retiradas dessas grandes bases de dados permite definir importantes caminhos alternativos a serem seguidos pela organização. Tais dados são oferecidos para os departamentos envolvidos com as linhas de negócios desenvolvidos.

Vamos exemplificar. As instituições financeiras usam os sistemas de inteligência para desenvolver modelos de risco de crédito, que podem alterar taxas cobradas. Eles podem também fornecer técnicas e possíveis fórmulas para determinar a ocorrência de inadimplência e medidas a serem tomadas para evitar o problema.

Sistema de gestão empresarial (ERP)

Há uma categoria de sistemas desenvolvida sem muito envolvimento das áreas de planejamento e tomada de decisões, mas que precisa ser relacionada aos SiGs, ainda que não seja de forma direta uma fonte para o seu trabalho.

A partir de seu nome – sistemas de planejamento de recursos da organização (em inglês, *Enterprise Resource Planning – ERP*) –, é possível observar que sua área de atuação está mais próxima das áreas produtivas. Os ERPs são utilizados para determinação de aspectos logísticos referentes ao funcionamento integrado e harmônico de diversos setores da empresa, constituindo-se elemento de integração entre setores produtivos para os quais estão voltados.

Em essência, esses sistemas controlam o fluxo e o encadeamento de atividades, buscando na inter-relação entre eles a obtenção de maior produtividade nos diversos setores. Controle de vendas, gerenciamento de contas a pagar, folha de pagamento e contabilidade representam funções associadas. O grande beneficiado é o sistema de comunicação interna, que o torna facilitado e menos oneroso para a organização.

Sistemas de gestão do conhecimento

Os sistemas de gestão do conhecimento representam o registro da história da organização. Permitem que sejam dissecados os conhecimentos construídos desde a sua existência, bem como analisar necessidades de formação, informações estas normalmente dirigidas aos responsáveis pelas universidades corporativas. São resultados que podem modificar comportamentos internos e conseguir que colaboradores resistentes venham a se tornar engajados na proposta estratégica da organização.

Tudo o que foi registrado durante o tempo de evolução da organização é colocado à disposição de profissionais chamados de ***chief learning officer*** (CLO), para que eles sejam parte integrante de um processo que abrange os aspectos:

- organizar os programas de formação internos;
- definir formas de disseminação interna dos conhecimentos adquiridos;
- definir as necessidades para melhoria da capacidade de inovação dos colaboradores;
- incentivar a integração de diferentes setores da organização;
- procurar formas de retenção do conhecimento no interior da organização.

Os sistemas que permitem essas ações por parte dos responsáveis pelas atividades de T&D (treinamento e desenvolvimento) são designados como ***knowledge management systems*** (KMS).

O trabalho do KMS na perspectiva de melhoria dos programas internos de formação de pessoas pode permitir uma escalada nas propostas definidas no sentido de estabelecer esses sistemas entre atividades estratégicas da empresa.

Outros tipos de sistemas de informação gerencial

Há um conjunto de sistemas nas organizações. Anteriormente, apresentamos os principais, classificados como SIGs, porém é importante que você conheça outros. Todos eles, ainda que não classificados de forma específica como SIGs, permitem que os usuários tenham informações estruturadas e consistentes nas quais podem apoiar suas decisões.

Comércio eletrônico

Aos poucos, as organizações perdem o medo inicial de entrar em competição global no ambiente virtual. Nos dias atuais o comércio eletrônico constitui importante percentual nos negócios, e a sua dinâmica representa um aumento da complexidade nas vendas. Existem empresas que criam estruturas paralelas para um público-alvo mais exigente e que espera atendimento diferenciado, personalização dos serviços ou produtos comprados e acompanhamento pós-venda.

As redes sociais se configuram como a possibilidade de confirmação da marca com as ***startups***, mas também podem, em questão de minutos, destruir reputações que levaram tempo para ser criadas. Inegavelmente é um desafio para qualquer organização desenvolver negócios nesse ambiente.

A criação, a rápida ascensão e a queda de corporações que acreditam em bolhas de consumo temporárias exigem cuidados especiais. Empresas *startups* existem tanto na rede quanto no mercado tradicional. As que estão presentes em ambientes virtuais, devido à sua rápida expansão, apresentam maior atração, mas em ambos os contextos são empresas ou subsidiárias de grandes empresas criadas para aproveitar as bolhas da grande rede.

Todo o aparato de sistemas, com pequenas adaptações, passa a receber dados, como acontece no comércio tradicional. Os usuários adquirem importância e destaque. No desempenho individual de cada usuário está grande parte do sucesso das empresas nas grandes redes, o que reforça a importância de que seja criada a cultura em que mais colaboradores conheçam os sistemas, suas características e forma de análise dos dados. Além disso, devem ter uma formação diferenciada, como é proposto neste material.

O tratamento dos dados pode ser facilitado por uma série de programas que mensuram a movimentação que ocorre na rede. Tais dados são armazenados e transformados em informações estruturadas, da mesma maneira como acontece com aqueles captados de forma tradicional.

Essa área exige espírito empreendedor e uma constante análise do que está acontecendo na rede, o que faz realçar a importância de administradores-analistas, com capacidade de trabalho e modelos de negócios inovadores.

Aprendizagem eletrônica

A necessidade de formação permanente e continuada de colaboradores e a limitação das universidades – que enfrentam graves problemas estruturais – em atender a uma demanda acima do normal levam muitas organizações a atuarem no ambiente virtual de aprendizagem, com oferta de programas de treinamento ou de formação de competências e habilidades diferenciadas. A aprendizagem rápida, pontual e especializada ganha destaque como uma unidade de negócio e é considerada um investimento de elevado valor; é necessária a sua inclusão nos sistemas tradicionais ou na formatação de novos sistemas.

Nas organizações, foi criado um setor em que o CLO gerencia uma equipe cuja principal função é tomar decisões sobre as necessidades de formação e desenvolver trabalhos de avaliação, com a cuidadosa **análise de retorno de investimento** (ROI) – instrumento utilizado para verificar a situação e a evolução da remuneração de capital aplicado, seja em termos tangíveis, seja em termos intangíveis (o mais comum em programas de formação profissional corporativos).

Esse setor normalmente conta com sistemas particulares cujos objetivos são semelhantes aos dos SiGs. O desenvolvimento desses sistemas em separado se deve às características da área de formação que desenvolve trabalhos de avaliação. O processo de avaliação exige grande aporte de informações estruturadas, sendo diretamente relacionada com aspectos estratégicos das empresas. Exige esforço extensivo na verificação de resultados.

Muitas vezes, a atividade traz um retorno intangível, observado no aumento da produtividade individual e que se reflete na melhoria do atendimento prestado pela empresa, transformado em retorno financeiro.

Sistemas de automação de escritórios

Os sistemas de automação de escritórios, formados por suítes, não são normalmente desenvolvidos pelas organizações. A aquisição deles via compra de direitos de utilização para instalação nos servidores da organização, ou por contratos de utilização de programas em nuvem, apresenta um custo; os benefícios usufruídos devem fazer parte integrante dos relatórios dos SIGs. Nessa categoria estão diversos *softwares* e utilitários adquiridos. A suíte *Office*™ é uma das mais comumente utilizadas, com uma diversidade de programas que permitem o desenvolvimento de pequenos trabalhos internos.

Sistemas especialistas

Os sistemas especialistas necessitam de dados que resultam da ação e da prática profissional de pessoas especialistas no trato de algum tema específico e que estão apoiados em grande volume de informações (por exemplo, séries históricas de dados).

O raciocínio baseado em casos é um dos exemplos mais comuns. Experiências anteriores representam conhecimento especialista e são registradas em grandes bases de dados. Os resultados, depois de filtrados e qualificados, são transformados em informação privilegiada, que podem ser utilizados para tomada de decisão. Novamente, colocam-se em destaque a capacidade individual de análise e a interação entre administradores e analistas.

Sistemas de inteligência artificial

Os sistemas de inteligência artificial, depois de um ocaso provocado por questões éticas e falta de capacidade de processamento das máquinas, retornam para o campo de estudos. Um dos principais motivadores de seu uso são os processos de personalização que utilizam características particulares dos usuários.

Considera-se que esses sistemas podem, então, com base nas atividades dos usuários, levantar as necessidades de cada um deles, registrá-las, para então personalizar interfaces e sugerir decisões. Ainda que a interferência pessoal seja menor, é importante saber de sua existência e preparar-se para uma utilização mais extensiva na atualidade ou em um futuro próximo.

Sistemas imersivos de realidade virtual

Os sistemas imersivos de realidade virtual estão apoiados em técnicas complexas e de difícil compreensão para muitas pessoas. Além disso, geram custos elevados. A evolução da tecnologia atual, no sentido do aumento de banda, permitirá maior fluxo de informações na rede, diminuição de custos e a consequente popularização das técnicas. O resultado será um aumento na utilização de tais sistemas.

A proposta de utilização do lúdico é um forte apelo, visto que há usuários que são mais receptivos a mensagens gráficas do que a comunicações textuais. A aplicação desses sistemas em escala comercial é uma possibilidade que pode ocorrer em um tempo não muito distante. O conhecimento deles corresponde a mais um aspecto positivo na formação do usuário especialista.

Intranet

O conhecimento que o usuário deve ter sobre a intranet está voltado a questões de segurança. Considera-se que sua especialização em pesquisa já é suficiente para anteder a requisitos de segurança; se não for, é algo que precisa conhecer. Você verá no perfil do usuário ideal, analisado no Capítulo 9, que essa é uma das principais qualidades desejadas.

Redes e segurança

O mesmo comentário efetuado sobre a intranet é válido neste ponto. É importante saber como utilizar as facilidades da rede e também responder às rotinas de segurança no âmbito de bloqueio de acessos não autorizados, que incomodam e podem ocasionar roubo de informações importantes.

Taxonomias alternativas

Na bibliografia disponível sobre análise de sistemas, SIG e tecnologia da informação, é possível encontrar outras classificações acerca dos tipos de sistemas sem particularizar os SIG, até o momento colocados em destaque. Na lista a seguir, apresentamos uma taxonomia alternativa para que você não tenha dificuldade de relacionar este material com outros que utilizem diferentes nomenclaturas.

1. **Sistema**: É qualquer conjunto de elementos inter-relacionados com partes que interagem e formam um todo unitário e complexo, voltado a atender a diferentes necessidades dos usuários.
2. **Sistemas de nível operacional**: São voltados à atividade-fim da empresa e desenvolvidos para acompanhar a rotina dela. Produzem e organizam arquivos com as indicações de nível das vendas, relatório de compras efetuadas, contas a receber, contas a pagar, fluxo de caixa, emissão de notas fiscais e

outros; estão ligados ao dia a dia da organização e são também chamados como *sistemas de informações transacionais*.

3. **Sistemas de nível gerencial**: São direcionados ao controle e ao monitoramento de todas as atividades que dizem respeito à simulação de cenários estruturados direcionados para a média gerência, em que se encaixam os sistemas de informação gerencial para apoio à decisão.
4. **Sistemas de nível estratégico**: Estão voltados para o tratamento e a oferta de informações não estruturadas, como os sistemas anteriores e que permitem verificar possibilidades de alteração em ambientes internos e externos. Podem ser chamados de *sistemas de suporte a executivos*.

Há linhas de estudo que classificam os sistemas pelo escopo, pelo público ao qual são destinados, pela finalidade, pelo modo de processamento, entre outros. Aqueles considerados mais importantes foram relatados para seu conhecimento; quanto aos demais, você poderá buscar significados em suas pesquisas.

Para fechar o conhecimento sobre tipos de sistema, consulte o Quadro 7.1 a seguir, no qual acreditamos que estão relacionados quase todos os tipos normalmente citados na literatura mais comum à área. São as principais siglas de sistemas apresentadas no modo como são utilizadas no jargão da administração e da informática.

Quadro 7.1 – Tipos de sistemas

Sigla	Nome	Funções
AA	Ambiente aplicativo	Sistemas aplicativos ou funções acrescidas aos sistemas existentes que fazem análise de alternativas e fornecem soluções de problemas.

(continua)

(*Quadro 7.1 – continuação*)

Sigla	Nome	Funções
AO	Ambiente operacional	Composto por *hardwares* e *softwares* que permitem que todos os componentes do ambiente sejam integrados.
B2B	*Business-to-Business*	Transações entre empresas.
B2C/ C2B	*Business-to-Consumer* *Consumer-to-Business*	Transações entre empresas e consumidores.
B2G/ G2B	*Business-to-Government* *Government-to-Business*	Transações envolvendo empresas e governo.
BI	*Business Intelligence* ou inteligência dos negócios	Inteligência competitiva: série de ferramentas, tecnologias e metodologias cujo objetivo é fornecer informações estratégicas que possam suportar decisões bem alicerçadas.
C2C	*Consumer-to-Consumer*	Transações entre consumidores finais, sem envolvimento direto de empresas.
CAD/ CAM/ CAE/ PDM	*Computer Aided Design* (Projeto auxiliado por computador) *Computer Aided Manufacturing* (Fabricação auxiliada por computação) *Computer Aided Engineering* (Engenharia auxiliada por computador) *Product Data Management* (Gerenciamento de dados sobre o produto)	Sistemas para o desenvolvimento de desenhos de projetos (*design*).
CIM	*Computer Integrated Manufacturing* (Fabricação integrada por computador)	Sistemas que servem para o planejamento e controle de todo o processo de fabricação.
CRM	*Customer Relationship Management* (Gestão de relacionamento com o cliente)	Sistemas que gerenciam todas as relações com clientes.

(Quadro 7.1 – continuação)

Sigla	Nome	Funções
DSS	*Decision Support Systems* (Sistemas de suporte à decisão)	Provimento de informações e também ferramentas sofisticadas de análise de dados.
DW	*Data Warehousing* (Armazenamento de dados)	Análise e exploração de dados.
–	*E-business*	Expressão que engloba os diversos tipos de transações comerciais, administrativas e contábeis que envolvem governo, empresas e consumidores.
–	*E-commerce*	Principal atividade dessa nova categoria de negócios (*e-business*).
ECR	*Efficient Consumer Response* (Resposta eficiente do cliente)	Estratégia industrial em que fornecedores e distribuidores trabalham conjuntamente de modo a tornar mais eficiente a atividade de fazer chegar o produto ao consumidor.
EDI	*Electronic Data Interchange* (Troca de dados eletrônica)	Sistemas de envio e recebimento de informações entre empresas mediante meios eletrônicos.
EFT	*Electronic Funds Transfer* (Transferência eletrônica de fundos)	Sistemas para transferência eletrônica de fundos.
–	*E-mail*, fax, *voice mail*: correio eletrônico, fax e correio de voz.	Sistemas para troca de correspondência, fax e voz por meio de computadores.
ERM	*Enterprise Resource Management* (Gerenciamento de recursos da organização)	Avanço conceitual em relação ao ERP quando utilizado para gestão integrada dos recursos.
ERP	*Enterprise Resource Planning* (Planejamento de recursos da empresa)	Sistemas integrados envolvendo todas as funções gerenciais, controlando todos os processos e dando suporte ao planejamento empresarial.

(*Quadro 7.1 – continuação*)

Sigla	Nome	Funções
ESS	*Executive Support Systems* (Sistemas de suporte a executivos)	Provimento de informações e também ferramentas sofisticadas de análise de dados (análise estatística, simulações, modelagem, gráficos etc.) para o nível mais alto de gerência da organização.
–	Extranets	Sistemas semelhantes aos das intranets, porém envolvendo clientes e fornecedores.
FAD	Ferramentas de apoio à decisão	*Softwares* que auxiliam na simulação de situações e na representação gráfica das informações.
G2C/C2G	*Government-to-Consumer Consumer-to-Government*	Transações envolvendo governo e consumidores finais.
G2G	*Government-to-Government*	Transações entre governos.
–	*Groupware*	Sistemas para grupos de trabalho, controlando todo o fluxo de informações entre eles.
GSS	*Group Support Systems* (Sistemas de apoio a grupos)	Sistemas para facilitar reuniões entre membros de um grupo de trabalho.
–	Intranets	Sistemas de redes privativas, usando a tecnologia da internet.
KWS	*Knowledge Work Systems* (Sistemas de trabalho com o conhecimento)	Auxílio a colaboradores que geram algum tipo de novo conhecimento para a organização.
MIS	*Management Information Systems* (Sistemas de gestão da informação)	Provimento de informações para o nível intermediário de gerência de uma organização.
MRP/MRP II	*Manufacturing Resources Planning* (Planejamento de recursos para produção)	Sistemas para gerenciamento da produção industrial.

(Quadro 7.1 – conclusão)

Sigla	Nome	Funções
–	*Netbanking*	Sistemas que permitem que serviços típicos de agências bancárias sejam feitos pela internet.
OAS	*Office Automation Systems* (Sistemas de automação de escritórios)	Aumentar a produtividade, automatizando tarefas típicas de um escritório.
SCM	*Supply Chain Management* (Gerenciamento da cadeia de suprimentos)	Sistemas destinados ao gerenciamento da cadeia de suprimentos, controlando desde os fornecedores até a entrega aos clientes.
SGBD	Sistema gerenciador de banco de dados	Após os dados estarem instalados no banco de dados, o SGDB deve possibilitar o acesso às informações e a sua atualização, garantindo a segurança e a integridade desse banco.
–	Sistemas mensageiros	Sistemas para troca de mensagens por meio de computadores.
–	Teleconferência	Sistemas que permitem reuniões, aulas e conferências por meio de computadores.
TPS	*Transactions Processing Systems* (Sistemas de Processamento de Transações)	Processar transações, atualizando os bancos de dados do sistema.

Você pode encontrar outras siglas e denominações, mas indicamos que as relacionadas nesse quadro permitem-no tomar conhecimento de cada um dos sistemas assinalados.

Perspectivas futuras

A empresa de grande porte normalmente mantém-se em sintonia com os acontecimentos do mercado. Os setores de inovação tecnológica buscam novidades incessantemente. As mudanças tecnológicas, o barateamento e utilização de técnicas avançadas e diferenciadas de desenvolvimento de negócios em mercados em rede, dá às empresas de pequeno e médio porte (PME) melhores condições de competir com as grandes organizações. Agora, podem estar em uma melhor sintonia com o que está acontecendo no mercado e o que pode acontecer no futuro, ampliando o horizonte dos planejamentos de médio e longo prazo. Com esses sistemas, a avaliação fica nas mãos de usuários, que são pessoas de grande capacidade de trabalho e que praticamente tocam a organização, ainda que os sistemas sejam desenvolvidos por equipes externas.

A atuação de consultores na escolha e na utilização dos melhores sistemas de informação gerencial está em alta, principalmente devido ao fato de que as PME estão em uma fase de dispensa de colaboradores regularmente registrados. Segundo o Serviço Brasileiro de Apoio às Micro e Pequenas Empresas (Sebrae), um número cada vez maior desses sistemas está sendo colocado em nuvem, o que faz com que a profissão de analista tenha um decréscimo, mas não a ponto de se tornar não desejada. A demanda reprimida ainda é muito grande; o que não se pode garantir é a manutenção de salários em alta.

A função de analista de resultados, que exige amplo conhecimento de sistemas prontos, não exige a presença de desenvolvedores, equipes que são caras de manter nas PME. Até as de grande porte começam a adotar a política de compra de *softwares* gerenciais já consagrados na comunidade em face do elevado custo de desenvolvimento interno deles.

Em termos de tendência, o comércio eletrônico, a utilização de sistemas especialistas, sistemas de realidade virtual e inteligência artificial e o aumento cada vez maior de informações na grande rede dominam os prognósticos. O que é importante ter em mente é que a área da tecnologia da informação atravessa, na última década, uma escassez de recursos. É uma situação para a qual não se antevê um fim, e esse estado de coisas deve perdurar até que se resolva investir de forma decisiva na formação tecnológica. O potencial de crescimento de novas funções, entre as quais está a de analista de sistemas informações gerenciais, é fator que traz novos desafios.

A evolução dos negócios a partir de dispositivos móveis, como pagamentos efetuados por *smartphones*, representa um desafio que algumas organizações ainda não têm condições de enfrentar. A necessidade de respostas ágeis irá reduzir tempos e prazos, além de procurar, recuperar, transformar e deixar informações disponíveis no menor tempo possível.

Diálogo

Como usuário final, leve em consideração possíveis dificuldades que pessoas não afeitas ao trato da área informativa podem ter tido com relação à compreensão dos conceitos aqui colocados, incluindo as que você próprio encontrou, se elas existiram. Se quer nos ajudar, pode sugerir alguma forma diferente de apresentação desse conteúdo.

Glossário

Análise de retorno de investimento (ROI): Atividade que traz possibilidades ou previsões de retorno sobre os investimentos efetuados por determinada organização, visando ao desenvolvimento de algum novo produto, procedimento ou técnica.

Chaves de identificação primária: Determinam um registro de forma única no sistema, como o número da identidade, por exemplo.

Chaves de identificação secundária: Determinam um conjunto de registros, como a indicação da cidade na qual a pessoa nasceu, por exemplo.

***Chief Learning Officer*:** Profissional cuja função é considerada por Elkeles e Phillips (2007) como um cargo de importância vital; portanto, recomenda-se que a alocação do CLO seja próxima da chefia maior da organização, devido à sua relevância estratégica.

Inteligência artificial: Riesbeck e Schank (2013) pontuam a inteligência artificial como um dos diversos ramos da ciência da computação com a tarefa precípua de elaborar dispositivos ou programas capazes de simular a capacidade humana de raciocinar, perceber e tomar decisões.

***Knowledge Management Systems* (KMS):** De acordo com Smith et al. (2014), são de vital importância para a administração e desenvolvimento de projetos que podem transformar a organização em uma **organização aprendente**.

Nicho de mercado: Picinini (2017) define nicho de mercado como uma oportunidade de negócios, seja pelo lançamento de novidades que preenchem lacunas, seja pela melhoria de atendimento em quesitos de importância para os clientes.

Organização aprendente: Sobre ser mais apropriada para a empresa moderna sua transformação em uma organização aprendente, Senge (2010) considera importante a adoção de novas formas de encarar o processo de formação de pessoas e as formas de aumentar a disseminação do conhecimento em seu interior.

Raciocínio baseado em casos: Segundo Riesbeck e Schank (2013), esse conceito refere-se ao conhecimento de situações anteriores, obtido com base em um conjunto de informações estruturadas e armazenadas em grandes bases de dados, o que pode fornecer subsídios para ações a serem tomadas no presente.

Stakeholder: Qualquer indivíduo ou grupo interessado no sucesso de determinada iniciativa, seja por razões financeiras de remuneração de capital, seja por interesse social voltado à melhoria de condições de trabalho e investimento na formação de pessoas como forma de valorização do capital intelectual da organização.

Startup: Pequenas empresas que surgem com um capital inicial baixo, mas com uma ideia consistente, com possibilidade de transformá-las. Esse processo é muito comum entre empreendimentos de tecnologia de informação.

Taxonomia: Proposta de classificação, de forma diferenciada de sua conceituação original e adotada por força de seu uso extensivo. De forma geral, uma taxonomia apresenta um traço (ou mais de um) que identifica uma coleção de itens que a carregam consigo. Por exemplo, a idade pode ser uma taxonomia para identificar gerações tais como *babyboomer, millenial*.

07

PERFIL DO ANALISTA DE SISTEMAS

07

ASSIM COMO EM toda profissão, há um perfil de competências e habilidades que caracterizam os analistas de sistemas e sua profissão. Ele pode ser obtido na **Classificação Brasileira de Ocupações** (CBO) ou no próprio mercado, que tem a própria visão sobre as suas funções.

Em busca do perfil para o analista de sistemas

Se você não é analista de sistemas (o que é mais provável), qual a necessidade de se ter conhecimento sobre o perfil desse profissional para que seu relacionamento com ele seja o melhor possível? Tendo ciência do que ele faz ou deveria fazer, a sua interação pode ser facilitada e, além disso, você pode gostar e se tornar um analista-administrador ou um administrador-analista, ou combinações com qualquer outra profissão. Vamos estudar um pouco mais devagar as competências e habilidades desejáveis a esse profissional e o que o mercado espera dele para que você possa ter um relacionamento mais produtivo.

Uma primeira boa notícia é que a área da tecnologia da informação é uma das poucas que está com demanda elevada a ponto de apresentarem déficit na formação de profissionais e dar oportunidade a que outros, provenientes de outras áreas, trabalhem, não necessariamente com o desenvolvimento de sistemas, e adquiram prática para se tornar o usuário ideal.

Outra boa notícia é que a média salarial do profissional de tecnologia da informação vem em uma crescente. Imagine um profissional da área de administração ou de outra área qualquer com experiência em informática. Há uma grande possibilidade de que se torne a mira dos caçadores de talento espalhados no mercado de trabalho. Veja uma pesquisa que confirma o que defendemos – o relatório da Careercast (2017) – e volte os olhos para o mercado de trabalho ou pelo menos comece a estudar nas horas vagas um pouco mais sobre análise de sistemas, tecnologia da informação e a grande rede. Nos dias atuais, ser experto na grande rede é um bom início para quem quer boas oportunidades. O potencial de evolução profissional é muito grande.

O que vamos apresentar a você é referendado pela CBO (Brasil, 2002). Aproveite e consulte essa referência e, ao final da leitura dos itens descritos a seguir, você conhecerá perfeitamente um de seus principais interlocutores em sua organização:

- Grande parte dos usuários de uma organização, em um momento ou em outro, interagem com o analista de sistemas. Assim, uma das suas características mais importantes é a capacidade desse profissional para desenvolver um relacionamento interpessoal diferenciado.
- É comum que os usuários pensem que o analista sabe tudo e em alguns casos o martelem com perguntas das mais variadas. Isso sugere que esse profissional se dedique a diversos processos de formação permanente e continuada e navegue na rede em boa parte de seu tempo.
- Praticamente todos os documentos passam por suas mãos ou são por ele produzidos, o que exige capacidade de compreensão das suítes que orientam sobre como escrever, editorar e aprimorar os documentos.
- É nele que, antes de serem distribuídos, acabam desembocando todos os resultados que o sistema de informação gerencial (SIG) capta. Em alguns casos, ofensas representam uma forma de diálogo comum. Assim a **inteligência emocional** e a **resiliência** são qualidades recomendáveis.
- É bom lembrar que o analista de sistemas está no meio do caminho entre os usuários e as chefias intermediárias e, ao mesmo tempo, entre as chefias intermediárias e a diretoria. É bom que tenha um bom repertório de justificativas plausíveis pronto de forma antecipada. Tendo ou não razão, praticamente todos reclamam de um sistema novo até que ele fique desatualizado e exija manutenção.

- É o analista quem deve dizer por que determinada solicitação não pode ser atendida. Pior ainda será se a não realização de alguma solicitação for por falta de previsão inicial do sistema.
- Qualquer novidade que um diretor vir ou ouvir de alguém é motivo para solicitação de reunião. Geralmente não conduz a nada, mas é perda de um tempo precioso.
- Uma queda nas previsões de retorno trará os marqueteiros da organização junto com os *stakeholders* que estão grudados em seu pé.
- Ele irá interagir não apenas com o público interno – principalmente depois que surgiu o conceito de cadeia de valor –, mas pode precisar conversar com o pessoal externo, o que envolve fornecedores, clientes e outros analistas. Estes últimos podem ainda ser parentes do presidente ou terem sido chamados por algum amigo ou amigo do filho. É necessário ter paciência. O que ele puder dizer que está errado certamente irá fazê-lo.
- Terá que conversar com os analistas de negócio (função para a qual este material está preparando você). Muitos deles não entendem nada da área, mas, para demonstrar força e intelectualidade, escondem o fato e se comportam como se soubessem mais que o analista de sistemas. É preciso controlar as reações.
- Toda organização tem diretores, que geralmente têm estreita relação com o presidente, o vice ou algum diretor. Eles devem ser bem recebidos, não importa o que vieram falar.

Se tudo isso ainda não lhe deu uma visão clara desse profissional, vá até o sítio eletrônico em que consta a CBO e veja o que mais se espera do analista de sistemas.

Reflexão e prática

Você teve oportunidade de examinar o que se espera de um analista de sistemas. Preste atenção que pouco tratamos de aspectos técnicos; eles existem, mas, para quem olha a profissão de fora, essa forma de abordar o tema é mais compreensível. Leia com atenção o material da CBO, principalmente as características técnicas. Antes de passar para o próximo capítulo, monte um artigo crítico no qual deve constar o melhor comportamento para que esse profissional tenha sucesso.

Glossário

Classificação Brasileira de Ocupações (CBO): Documento instituído pela Portaria Ministerial n. 397, de 9 de outubro de 2002 (Brasil, 2002), no qual há uma proposta de identificação das profissões existentes no mercado de trabalho, para fins classificatórios.

Inteligência emocional: Goleman (2011) pontua a inteligência emocional como uma característica de algumas pessoas que as leva a identificar, mais facilmente, as próprias emoções e utilizam esse conhecimento em benefício de processos de gestão de conflitos.

Resiliência: Nas várias áreas de administração e tecnologia, o termo é utilizado em seu sentido figurado, que é a capacidade de se recompor em sua situação negativa e se adaptar às mudanças.

08

PERFIL DOS USUÁRIOS

08

VIVEMOS NA SOCIEDADE da informação e da comunicação, também chamada de *sociedade do conhecimento*, que é a transição de um modelo industrial para outro, significativamente diferenciado. Nesse cenário, o profissional do conhecimento é o mais desejado pelas organizações contemporâneas. É nessa perspectiva que discorreremos, neste capítulo, sobre o perfil do usuário ideal.

Em busca de um perfil para o usuário ideal

As mudanças sociais na atualidade transformam não somente o modo como o ser humano enxerga e compreende o mundo em que vive, mas também praticamente todas as formas de relacionamento que desenvolve em suas interações sociais. A competitividade exacerbada caracteriza essa sociedade. Mudam os relacionamentos entre pessoas, muda o relacionamento patrão e empregado. Com relação ao tema que estamos tratando, também muda o relacionamento entre analistas e usuários, estes últimos muito mais preparados do que os usuários tradicionais.

Assim, de tempos em tempos, é necessário modificar algo no perfil do usuário. Isso quem define é o analista de sistemas. Grande parte dessa situação está diretamente relacionada com a tecnologia, sendo a introdução dela presente em todos os ambientes.

É cada vez mais evidente a necessidade de atividades de monitoramento interno e externo. Isso implica que administradores ou profissionais de outras áreas conheçam com um pouco mais de profundidade a área de análise de sistemas, ainda que esta não seja a sua atividade-fim.

O sistema de informação gerencial (SIG) e todos os demais tipos de sistemas citados são responsáveis pela racionalização dos trabalhos e busca incessante da organização pela melhoria de seus serviços e/ou produtos, visando incessantemente à competitividade e à manutenção no mercado. O perfil que será desenhado neste capítulo também se aplica ao analista, ainda que haja competências e habilidades complementares. Isso leva em conta que ele, da mesma forma que os analistas de outras áreas, é um **profissional do conhecimento**.

Muitos dos estudos sobre o analista são tomados apenas na perspectiva estritamente empresarial, o que não permite que sejam enxergadas, em sua totalidade, as características que o identificam; é necessário que ele seja visto sob uma ótica humanista. A partir daí a valorização do capital intelectual e o investimento da organização em processos de formação permanente e continuada ganham força e transparência.

Uma das primeiras e principais exigências com relação a esse profissional, levando em consideração que ele se comunica com todos os demais departamentos da instituição, diz respeito às questões de escrita e leitura. Há um fantasma que ronda todas as empresas no mercado contemporâneo: o analfabetismo funcional.

É comum observar muitas chefias intermediárias totalmente apoiadas nos colaboradores, pela incapacidade de compreensão de textos que podem ser considerados banais. Divulgações periódicas do Indicador de Alfabetismo Funcional (Inaf), criado pelo Instituto Paulo Montenegro (IPM, 2017), trazem números desanimadores, que confirmam que a leitura deve ser colocada pela organização contemporânea como uma habilidade prioritária. A compreensão de textos é um conteúdo obrigatório na formação profissional permanente e continuada.

O mesmo acontece com a capacidade de escrita. A comunicação do profissional do conhecimento é extensiva e sua presença na rede como representação da organização na qual trabalha justifica investimentos nessa área. Somente sabendo ler e escrever, o indivíduo pode participar ativa e produtivamente da vida social.

Outra situação que se apresenta como crítica é a incapacidade de se fazer cálculos e resolver problemas. Alunos que chegam às universidades demonstram grande deficiência nesse quesito. Não é incomum – exemplo que deve ser adotado pela organização moderna – que eles sejam submetidos a um processo de nivelamento básico. A capacidade de resolver problemas, em um contexto atual, que tem como desafio para a organização o enfrentamento do novo quase que de maneira diária, se mostra como condicionante para o sucesso profissional.

A formação de grupos de trabalho e a proposta de equipes vencedoras impõem ao profissional a necessidade de desenvolver o pensamento crítico. Isso lhe dá a capacidade de analisar, sintetizar e interpretar dados de modo a poder expressar seus sentimentos a outras pessoas e manter relacionamentos baseados em confiança mútua e no respeito à diversidade. Saber pesquisar informação, armazenar e determinar parâmetros de seleção e de escolha constituem aspectos fundamentais no mercado atual.

Senso crítico para poder receber dos meios de comunicação dados que serão transformados em informações, que por sua vez serão estruturadas de forma a oferecer utilidade para os setores de tomada de decisão na organização, deve fazer parte de sua lista de prioridades. Saber acessar a informação estruturada e ao mesmo tempo analisar os resultados de modo a auxiliar os setores decisivos são competências que podem dar segurança de que a organização está no caminho certo nas formas de investir em educação e no aumento da capacidade intelectual individual.

O relacionamento e o intercâmbio com pessoas, as experiências de outras empresas (inteligência competitiva) e a definição de novas formas de fazer as coisas (inovação e criatividade) podem dar a esse profissional um trânsito livre tanto na organização quanto no próprio mercado de trabalho com o qual ele irá trabalhar de modo intensivo.

A capacidade de planejamento, de trabalho e de decisão em grupo, bem como a gestão de conflitos em seu interior (inteligência emocional), constitui outra competência necessária. A gestão de conflitos se resolve com a utilização dos princípios e dos fundamentos da inteligência emocional. É importante evitar que o preconceito tenha alguma oportunidade de ingresso nas equipes vencedoras.

O que foi descrito se encaixa em cinco diferentes áreas, com habilidades relativas:

- à absorção da informação;
- à análise da informação;
- ao gerenciamento da informação;
- à transmissão da informação;
- ao gerenciamento da vida.

Diferentes pesquisadores enxergam essas competências e habilidades necessárias ao profissional do conhecimento sob outros ângulos. Edgar Morin (2014) analisa os sete saberes necessários à educação do futuro:

1. É necessário introduzir e desenvolver na educação o estudo das características cerebrais, mentais e culturais dos conhecimentos humanos, de seus processos e modalidades e das disposições tanto psíquicas quanto culturais que o conduzem ao erro ou à ilusão.
2. A supremacia do conhecimento fragmentado, de acordo com disciplinas, impede frequentemente de se operar o vínculo entre as partes e a totalidade e deve ser substituída por um modo de conhecimento capaz de apreender os objetos em seu contexto, sua complexidade, seu conjunto.
3. É necessário reconhecer a unidade e a complexidade humanas, reunindo e organizando conhecimentos dispersos nas ciências da natureza, nas ciências humanas, na literatura e na filosofia e pôr em evidência o elo indissolúvel entre a unidade e a diversidade de tudo o que é humano.

4. O complexo de crise planetária marca o século XX, mostrando que todos os seres humanos, confrontados de agora em diante com os mesmos problemas de vida e de morte, partilham um destino comum.
5. A ciência deve incluir o ensino das incertezas que surgiram nas ciências físicas, ensinando princípios que permitam enfrentar os imprevistos, o inesperado e a incerteza de modificar seu desenvolvimento, em função das informações adquiridas ao longo do tempo.
6. É necessário estudar a incompreensão a partir de suas raízes, modalidades e seus efeitos, com enfoque nas causas do racismo, da xenofobia e do desprezo, voltando-se para uma educação para a paz.
7. É preciso estabelecer uma relação de controle mútuo entre a sociedade e os indivíduos pela democracia e conceber a humanidade como uma comunidade planetária. A educação deve contribuir não somente para a tomada de consciência de nossa terra-pátria, mas também permitir que essa consciência se traduza em vontade de realizar a cidadania terrena.

Para esse profissional, também é importante desenvolver a consciência para com o ecossistema e a preocupação com a ética e a diversidade cultural.

O desenvolvimento da criatividade, que permite responder à transformação do planeta – de um mundo finito de certezas em outro infinito de indagações e dúvidas –, tem importância destacada. Ela desloca seu olhar para os campos da indústria e do comércio, da educação e do desenvolvimento social e comunitário, áreas pouco privilegiadas quando confrontadas com a criatividade nas áreas das artes, ciências e tecnologias, nas quais mais se desenvolve a criatividade humana. O respeito a identidades culturais entra em cena e traz junto com ela a formação de um profissional interessado no respeito ao outro.

Esse perfil define o profissional do conhecimento. Ele não é encontrado solto no mercado; geralmente é objeto de estudo e investidas dos caçadores de talentos.

Reflexão e prática

Agora que você está próximo de terminar a sua caminhada, solicitamos, nesta última atividade de reflexão, que analise as ideias dos pesquisadores citados e elabore um artigo crítico no qual desenvolva um estudo sobre qual a formação necessária em informática para profissionais que irão utilizá-la de forma extensiva, ainda que esta não seja a atividade-fim deles.

O que está desenhado como perfil ideal para um usuário pode, de forma extensiva, ser aproveitado como competências e habilidades de outros profissionais.

É preciso evitar que venha a ocorrer certa animosidade entre esses profissionais. É com um trabalho conjunto de tecnólogos da informação, analistas de sistemas e usuários em diferentes níveis e com diferentes responsabilidades que se torna facilitada a obtenção de sucesso no projeto, no desenvolvimento, na implantação e na utilização de sistemas de informação e de novas tecnologias no ambiente de trabalho das organizações contemporâneas.

Glossário

Profissional do conhecimento: Cortada (2009) considera profissionais do conhecimento colaboradores com um perfil diferenciado. Entre eles estão situados todos aqueles trabalhadores que prestam serviços como especialistas, com elevado volume de informações, os quais contam com conhecimento, auxílio de mecanismos de busca e desenvolvimento de análise acerca de diversos aspectos da área administrativa tomados sob diferentes perspectivas.

Conclusões possíveis

Você participou de uma proposta diferenciada, que consistiu em aprender noções relativas a uma temática tecnológica por excelência, porém voltada a pessoas que não têm a informática como sua atividade-fim.

Esta proposta já foi testada em onze turmas de tecnólogos, com pequenos ajustes para adequar o conteúdo à evolução do mercado. Ela apresentou frutos satisfatórios no sentido de que as avaliações foram positivas e destacaram um importante aspecto: dar ao profissional que não tem a informática como atividade-fim elementos para que possa utilizar os sistemas disponíveis na organização (próprios ou de terceiros).

Foram envolvidas turmas de Gestão de Processos, *Marketing*, Turismo, Secretariado e Administração. A mesma disciplina foi tratada com outra abordagem em cursos de Análise de Sistemas, com conteúdos diferenciados, de maior complexidade e voltados para formação de pessoas cuja atividade-fim é o trato informático, envolvendo planejamento, definição, implantação e acompanhamento.

Para todos os outros casos, o destaque ficou por conta das atividades de utilização dos sistemas e de análise dos resultados apresentados. A comparação da proposta com outras turmas, antes da adoção dessa perspectiva, auxiliou a concepção deste livro. Assim, para usuários finais, a disciplina de Análise de Sistemas foi desenvolvida sob a perspectiva de formação desse profissional para avaliação de resultados. As enquetes, comuns ao final dos estudos, também apontaram uma direção correta em nossa abordagem e revelaram uma participação ativa dos alunos.

A proposta diferenciada nos pareceu a mais adequada para usuários leigos, sem uma formação especializada no conhecimento dos sistemas de informação. A linguagem menos técnica aqui utilizada pode facilitar o propósito de engajamento desse grupo de pessoas, de modo que o aproveitamento dos sistemas seja desenvolvido de modo mais eficaz.

Referências

ABED – Associação Brasileira de Educação a Distância. (Org.). **Campus Computing Report.BR**: computação e tecnologia da informação nas instituições de ensino superior no Brasil. São Paulo: Pearson Prentice Hall, 2010. Disponível em: <http://www.abed.org.br/site/pt/midiateca/ccr/ccrbr2008.pdf>. Acesso em: 11 dez. 2017.

BACON, F. **The Essays of Francis Bacon**. Kindle, 2011. E-book.

BARROS, R. P. de. **LinkedIn**: um guia para extrair o máximo de sua rede – a rede do seu sucesso profissional. Edição do autor. [S.l.], 2014. E-book.

BRASIL. Ministério do Trabalho. **Diário Oficial da União**, 10 out. 2002. Portaria n. 397, de 9 de outubro de 2002. Disponível em: <http://www.mtecbo.gov.br/cbosite/pages/legislacao.jsf>. Acesso em: 11 dez. 2017.

BRODBECK, Â. F.; HOPPEN, N. Alinhamento estratégico entre os planos de negócio e de tecnologia de informação: um modelo operacional para implementação. **Revista de Administração Contemporânea**, Curitiba, v. 7, n. 3, jul./set. 2003. Disponível em: <http://www.scielo.br/scielo.php?script=sci_arttext&pid=S1415-65552003000300002>. Acesso em: 11 dez. 2017.

CAIRNCROSS, F. **The Company of the Future**: how the Communications Revolution is Changing Management. London: Business News Publishing, 2014.

CAREERCAST. **The Best Jobs of 2014**. Disponível em: <http://www.careercast.com/jobs-rated/best-jobs-2014>. Acesso em: 11 dez. 2017.

CARRARA, K. **Behaviorismo radical**: crítica e metacrítica. São Paulo: Ed. da Unesp, 2007.

CASTELLS, M. **The Rise of the Network Society**. 2. ed. New York: Wiley-Blackwell, 2011. (The Information Age: Economy, Society, and Culture, v. 1).

CHESNAIS, F.; IETTO-GILLIES, G.; SIMONETTI, R. (Ed.) **European Integration and Global Corporate Strategies**. London: Routledge, 2003.

CORTADA, J. W. (Ed.) **Rise of the Knowledge Worker.** London: Routledge, 2009. (Resources for the Knowledge-Based Economy).

DAVIES, W. K.; LONGWORTH, N. **Lifelong Learning**. London: Routledge, 2014.

DUFOUR, R. et al. **Learning by Doing**: a Handbook for Professional Learning Communities at Work. 2. ed. Indiana: Solution Tree, 2010.

E-COMMERCE.ORG. **Evolução da internet e do e-commerce**. Disponível em: <http://www.e-commerce.org.br/stats.php>. Acesso em: 19 dez. 2017.

ELKELES, T.; PHILLIPS, J. J. **The Chief Learning Officer**: Driving Value within a Changing Organization through Learning and Development – Improving Human Performance. London: Routledge, 2007.

FAYOL, H. **General and Industrial Management**. Eastford: Martino Fine, 2013.

FEENBERG, A. **Questioning Technology**. London: Routledge, 2012.

GIDDENS, A. **As consequências da modernidade**. São Paulo: Ed. da Unesp, 1991.

GOLEMAN, D. **Inteligência emocional**. Rio de Janeiro: Kairós, 2011.

GOMES, E. **O processo cognitivo humano e a teoria da carga cognitiva**. Disponível em: <https://sites.google.com/site/teoriadacargacognitiva/a-contribuicao-dos-principios-da-teoria-da-carga-cognitiva-na-aprendizagem-multimedia/resumo-1>. Acesso em: 11 dez. 2017.

GRATERON, I. R. G. Auditoria de gestão: utilização de indicadores de gestão no setor público. **Caderno de Estudos**, São Paulo, n. 21, maio/ago. 1999. Disponível em: <http://www.scielo.br/scielo.php?script=sci_arttext&pid=S1413-92511999000200002>. Acesso em: 11 dez. 2017.

GROFF, J. **Technology-rich Innovative Learning Environments**. Feb. 2013. Disponível em: <http://www.oecd.org/edu/ceri/Technology-Rich%20Innovative%20Learning%20Environments%20by%20Jennifer%20Groff.pdf>. Acesso em: 11 dez. 2017.

GUPTA, A. K. **Management Information Systems**. New Delhi: S. Chand Publishing, 2014.

HAZELWOOD, L. **Learning After School**: a Guide for Autodidatics with 14 Illustrative Independent Learning Programs. Author's edition. New York: [s.n.], 2015.

IMMON, W. H.; LINSTED, D. **Data Architecture**: a Primer for the Data Scientist – Big Data, Data Warehouse and Data Vault. Massachusetts: Morgan Kaufmann; Elsevier, 2014.

IPM – INSTITUTO PAULO MONTENEGRO. **Relatórios**. Disponível em: <http://www.ipm.org.br/relatorios>. Acesso em: 11 dez. 2017.

IRELAND, T. S. **Information Technology Leadership Excellence**. Amazon, 2012. E-book.

LAUDON, K. C.; LAUDON, J. P. **Sistemas de informações gerenciais**. São Paulo: Pearson, 2007.

LYOTARD, J.-F. **A condição pós-moderna**. São Paulo: J. Olympio, 2002.

MATTAR, J. **Games em educação**: como os nativos digitais aprendem. São Paulo: Pearson, 2010.

MOREIRA, T. A. C. **A privacidade dos trabalhadores e as novas tecnologias de informação e comunicação**: contributo para um estudo dos limites do poder de controlo electrónico do empregador. São Paulo: Almedina, 2010.

MORIN, E. **Os sete saberes necessários à educação do futuro**. São Paulo: Cortez, 2014.

NAURA, M. **Decision Support Systems**. Saarbrücken: LAP, 2014.

PARK, J. **Metadata Best Practices and Guidelines**: Current Implementation and Future Trends. London: Routledge, 2014.

PICININI, B. **Nicho de mercado**: definição, segmentação e exemplos. Disponível em: <http://www.empreendedor-digital.com/nicho-de-mercado>. Acesso em: 11 dez. 2017.

PRENSKY, M. "**Não me atrapalhe mãe – eu estou aprendendo!**": como os videogames estão preparando nossos filhos para o sucesso no século XXI – e como você pode ajudar! São Paulo: Phorte, 2010.

PWC – Pricewaterhouse Coopers Brasil. **Os cinco comportamentos que ampliam o valor dos investimentos digitais**: 6ª pesquisa anual sobre QI digital, maio 2014. Disponível em: <http://www.pwc.com.br/pt_BR/br/publicacoes/servicos/assets/consultoria-negocios/pesquisa_qi_digital_14.pdf>. Acesso em: 11 dez. 2017.

RAO, U. H.; NAYAK, U. **The InfoSec Handbook**: an Introduction to Information Security. New York: Apress, 2014.

REDORBIT. **The history of wereable technology**. New York. Science Matters Media; redOrbit.com, 2014.

REZENDE, J. F. de C. **Gestão do conhecimento, capital intelectual e ativos intangíveis**. Rio de Janeiro: Elsevier, 2014.

RIESBECK, C. K.; SCHANK, R. C. **Inside Case-Based Reasoning**. New York: Psychology Press, 2013. (Artificial Intelligence Series).

SCHWARTZMAN, S. **Ciência, universidade e ideologia**: a política do conhecimento. Rio de Janeiro: Centro Edelstein, 2008. E-book. Disponível em: <http://books.scielo.org/id/mny2p>. Acesso em: 11 dez. 2016.

SENGE, P. **The Fifth Discipline**: the Art and Practice of the Learning Organization. New York: Crown Business, 2010.

SMITH, R. et al. **The Effective Change Manager's Handbook**: Essential Guidance to the Change Management Body of Knowledge. London: Kogan Page, 2014.

TAPSCOTT, D.; WILLIAMS, A. D. **Wikinomics**: como a colaboração em massa pode mudar o seu negócio. Rio de Janeiro: Nova Fronteira, 2007.

TARKOMA, S. **Overlay Networks**: Toward Information Networks. New York: Auerbach Publications, 2010.

TESSMAN, R. **Arrase nas mídias sociais**. Balneário Rincão: Dracaena, 2015.

VALLE, A. B. **Gestão estratégica da tecnologia da informação**. São Paulo: Ed. FGV, 2015.

VERAS, M. **Cloud computing**: nova arquitetura da TI. São Paulo: Brasport, 2012.

VETTER, J. **Globalization**. München: GRIN Verlag, 2008.

VIDIGAL, F. **Inteligência competitiva**: aplicações estratégicas e mercadológicas. Curitiba: Appris, 2016.

VILHENA, J. B.; MELLO, L. R. **Educação corporativa e desenvolvimento de competências**: da estratégia à operação. [S.l.]: Digitaliza Conteúdo, 2014.

WAZLAWICK, R. S. **Object-Oriented Analysis and Design for Information Systems**: Modelling with UML, OCL, and IFML. San Francisco: Morgan Kaufmann Publishers, 2014.

Sobre o autor

Antonio Siemsen Munhoz é doutor em Engenharia da Produção, com ênfase em *design* do produto na área de objetos de aprendizagem e mestre em Engenharia da Produção, com ênfase em mídia e conhecimento na área de Educação a Distância (EaD). É engenheiro civil formado pela Universidade Federal de Santa Catarina (UFSC) e especialista em Metodologia do Ensino Superior pelas Faculdades Integradas Espírita (Fies), em Metodologia da Pesquisa Científica pelo Instituto Brasileiro de Pós-Graduação e Extensão (Ibpex), em Tecnologias Educacionais (Spei) e em Educação a Distância pela Universidade Federal do Paraná (UFPR). Atualmente, presta consultoria em EaD e em tecnologia educacional, atuando como professor em diversas instituições de ensino superior e projetista instrucional.

Impressão:
Dezembro/2017